Pedro Calderón de la Barca

Las manos blancas no ofenden

Créditos

Título original: Las manos blancas no ofenden.

© 2024, Red ediciones s.l.

e-mail: info@red-ediciones.com

Diseño de cubierta: Michel Mallard.

ISBN tapa dura: 978-84-1126-392-4.
ISBN rústica: 978-84-9816-442-8.
ISBN ebook: 978-84-9953-286-8.

Cualquier forma de reproducción, distribución, comunicación pública o transformación de esta obra solo puede ser realizada con la autorización de sus titulares, salvo excepción prevista por la ley. Diríjase a CEDRO (Centro Español de Derechos Reprográficos, www.cedro.org) si necesita fotocopiar, escanear o hacer copias digitales de algún fragmento de esta obra.

Sumario

Créditos _____ **4**

Brevísima presentación _____ **7**
    La vida _____ 7

Personajes _____ **8**

Jornada primera _____ **9**

Jornada segunda _____ **71**

Jornada tercera _____ **127**

Libros a la carta _____ **189**

Brevísima presentación

La vida

Pedro Calderón de la Barca (Madrid, 1600-Madrid, 1681). España. Su padre era noble y escribano en el consejo de hacienda del rey. Se educó en el colegio imperial de los jesuitas y más tarde entró en las universidades de Alcalá y Salamanca, aunque no se sabe si llegó a graduarse. Tuvo una juventud turbulenta. Incluso se le acusa de la muerte de algunos de sus enemigos. En 1621 se negó a ser sacerdote, y poco después, en 1623, empezó a escribir y estrenar obras de teatro. Escribió más de ciento veinte, otra docena larga en colaboración y alrededor de setenta autos sacramentales. Sus primeros estrenos fueron en corrales.

Lope de Vega elogió sus obras, pero en 1629 dejaron de ser amigos tras un extraño incidente: un hermano de Calderón fue agredido y, éste al perseguir al atacante, entró en un convento donde vivía como monja la hija de Lope. Nadie sabe qué pasó.

Entre 1635 y 1637, Calderón de la Barca fue nombrado caballero de la Orden de Santiago. Por entonces publicó veinticuatro comedias en dos volúmenes y La vida es sueño (1636), su obra más célebre. En la década siguiente vivió en Cataluña y, entre 1640 y 1642, combatió con las tropas castellanas. Sin embargo, su salud se quebrantó y abandonó la vida militar.

Entre 1647 y 1649 la muerte de la reina y después la del príncipe heredero provocaron el cierre de los teatros, por lo que Calderón tuvo que limitarse a escribir autos sacramentales.

Calderón murió mientras trabajaba en una comedia dedicada a la reina María Luisa, mujer de Carlos II el Hechizado. Su hermano José, hombre pendenciero, fue uno de sus editores más fieles.

Personajes

Carlos, príncipe de Bisiniano
César, príncipe de Orbitelo
Federico Ursino, galán
Fabio, galán
Teodoro, viejo
Patacón, gracioso
Lidoro, criado
Lisarda, dama
Serafina, dama
Laura, dama
Nise, criada
Clori, criada
Flora, criada
Músicos

Jornada primera

(Salen Lisarda y Nise con mantos, y Patacón, vestido de camino.)

Lisarda   ¿Cuándo parte tu señor?

Patacón   Dentro de un hora se irá.

Lisarda   ¿No sabré yo dónde va?

Patacón   Aunque arriesgara el temor
                           de su enojo, lo dijera,
                           a saberlo, te prometo,
                           o por no guardar secreto
                           o por temer de manera
                           tu condición siempre altiva
                           que estoy temiendo, y no en vano,
                           cuando aquesta blanca mano,
                           por blanca que es, me derriba
                           dos o tres muelas siquiera,
                           como si tuviera yo
                           culpa en que se vaya o no.

Lisarda   ¿Tras el ausencia primera,
                           de que aun hoy quejosa vivo,
                           segunda ausencia previene?

Patacón   ¿Qué le hemos de hacer, si tiene
                           espíritu ambulativo?
                           El no puede estar parado.

Nise   Para reloj era bueno.

Patacón   Y aunque más se lo condeno,

	es a ver tan inclinado que, solamente por ver, de una en otra tierra pasa, siempre fuera de su casa.
Nise	Malo era para mujer.
Patacón	Pues nada a ti te pregunto, calla, Nise; que es en vano querer de mi canto llano echarle tú el contrapunto.
Nise	Pues yo ¿qué digo?
Lisarda	Dejad los dos tan necia porfía, como veros cada día opuestos; que es necedad insufrible; y dime (¡ay cielo!) ¿dónde Federico está ahora?
Patacón	Mientras que va disponiendo mi desvelo maletas y postas, él salió; no sé dónde ha ido.
Lisarda	Pues ya que a verle he venido donde mi pena crüel, si algún alivio me deja, a vista de olvido tanto, sin que yo sepa qué es llanto, llegue él a saber qué es queja. Búscale y dile que aquí

                estoy.

Patacón   Yo lo buscaré,
                    bien que dónde está no sé.
                    Mas Fabio, que viene allí,
                        quizá lo dirá.

Lisarda   Aunque Fabio
                    no importara que me viera,
                    y vengar en él pudiera
                    con un agravio otro agravio,
                       con todo, en la galería
                    que cae sobre el Po, le espero
                    retirada; que no quiero
                    dar a la desdicha mía
                       otro testigo.

Patacón   ¡Detente!

Lisarda   ¿Por qué?

Patacón   Porque en esta parte
                    esconderte hoy o taparte
                    tiene un grande inconveniente.

Lisarda   ¿Y qué es?

Patacón   Que algún entendido
                    que está de puntillas puesto
                    no murmure que entra presto
                    lo tapado y lo escondido;
                      y, antes de ver en qué para,
                    diga, de sí satisfecho,
                    que este paso está ya hecho.

Lisarda	En que entra Fabio repara, y no quiero que me vea.
Nise	Tápate, y vente a esconder.
(A Patacón.)	Y tú puedes responder, pues que yo no sé quién sea, que si tapada y cubierta es fácil haga otro tanto, que yo le daré este manto, y aquí se queda esta puerta.

(Escóndense las dos.)

Patacón	Aunque a estorbaros me aplico, no puede mi condición conseguirlo.

(Sale Fabio.)

Fabio	Patacón, ¿adónde está Federico?
Patacón (Aparte.)	A buscarle voy; aguarda aquí. (¡Quiera Dios le halle, para que pueda avisalle adónde queda Lisarda!)
Fabio (Aparte.)	(Loco pensamiento mío, no te quejarás de mí, porque no fíe de ti el mal que de mí no fío; pues cuando pedir pudiera

albricias de que hoy se va
quien tantos celos me da
con la más hermosa fiera
   destos montes y estos mares,
no permite mi esperanza
que tome tan vil venganza,
a costa de los pesares
   de la ausencia de un amigo,
a quien ofendió el deseo.
Y pues a callar me veo
obligado, ni aun conmigo
   lo he de hablar; séllese el labio,
y quien alivio no espera
sufra, calle, gima y muera.)

(Sale Federico con un papel.)

Federico   Pues ¿no me avisarais, Fabio,
   que estabais aquí?

Fabio   Ya fue
   a buscaros Patacón.

Federico   Ociosa es su pretensión,
si va a otra parte, porqué
   en esa cuadra escribiendo
a Lisarda este papel
estaba, diciendo en él
cómo ausentarme pretendo,
   por decirla algo...

Lisarda   (¡Ay de mí!)

Federico   ...a un negocio que ha importado

	para el pleito de mi estado.
Lisarda	(¿Haslo oído, Nise?)
Nise	(Sí. Por decirte algo, te escribe no más.)
Lisarda	(¡Ah, tirano!)
Fabio	Pues, ¿esa la causa no es de la ausencia?
Federico	No; que hoy vive tan muerta la pretensión como viva otra esperanza, cuya vana confianza es imán del corazón. Tras ella voy, sin saber si la he de perder o hallar. Tened lástima a un pesar, que el buscarle es su placer.
Fabio	No me atrevo a preguntaros nada; que no he de inquirir lo que no queráis decir. Solo he venido a buscaros para saber en qué puedo en esta ausencia serviros, y dónde podré escribiros.
Federico	De queja tan cuerda quedo advertido; y porque no

	se agravie nuestra amistad
de mi silencio, notad
la causa que me obligó
a volver; veréis si es mucha.
Lisarda	(Escucha con atención.)
Nise	(Bueno es que él la relación
haga y digas tú el «escucha».)
Federico	Ya sabéis que yo de Ursino
había nacido heredero,
si el cielo no me quitara
lo que me había dado el cielo;
pues siendo así que Alejandro,
de Ursino príncipe y dueño,
siendo hermano de mi padre
y habiendo sin hijo muerto,
me tocaba, por varón,
de aquel estado el gobierno,
o mi desdicha o mi estrella
o mi fortuna ha dispuesto
que Teodosio, emperador
de Alemania, a quien por feudo
toca la elección, por ser
colonia del sacro imperio,
a mi prima Serafina,
que en infantes años tiernos
quedó, por muerte del padre,
en posesión haya puesto,
como inmediata heredera,
bien que a salvo mi derecho
del último poseedor.
Mas ¿para qué ahora os cuento

lo que sabéis? Pues sabéis
que nos hallamos a un tiempo,
ella princesa de Ursino
y yo el más pobre escudero
de su casa; cuya instancia
ocasión fue de no habernos
visto los dos desde entonces;
que aquel hidalgo proverbio
de «pleitear y comer juntos»
solo para dicho es bueno;
porque no sé cómo pueden
avenirse dos afectos
conformes al trato, estando
a la voluntad opuestos.
Con este pesar, por no
decir, con este despecho,
que a un ánimo generoso
nada ha de quitarle el serlo,
viví ocioso cortesano
de Milán, adonde, expuesto
a los desaires de pobre,
anduve siempre, os prometo,
vergonzoso, siempre triste,
melancólico y suspenso;
que no hay estado en el mundo
(perdonen cuantos nacieron
atareados a su afán)
peor que el de pobre soberbio;
hasta que, pensando un día
en qué pudiera ser medio
a mis tristezas, que fuera
lícito divertimiento,
vine a dar (fuese locura
o inclinación, que no quiero

poner en razón ideas
de un ocioso pensamiento,
que doméstico enemigo
alimentaba yo mesmo)
en que el vivir ignorado
sería el mejor acuerdo,
llevando mis vanidades
engañadas por diversos
rumbos; que necesidad
a solas tiene consuelo,
pero con testigos no.
Mas ¡qué recibido yerro,
no sentir verla y sentir
ver que vean que la tengo!
Esta, pues, locura, dije
antes y a decirlo vuelvo
ahora, a ausentarme, Fabio,
me persuadió; a cuyo efecto
pedí licencia al cariño
que tuve a Lisarda un tiempo,
bien que a pesar del rencor
de su padre; porque siendo
en estos bandos de Italia
yo Gebelino y él Güelfo,
declarados enemigos
fuimos siempre. ¿Quién vio, cielos,
en la familia de una alma
vivir de puertas adentro
en un lecho y a una mesa
amor y aborrecimiento?
Deste, pues, ceño heredado,
en el litigado pleito
se vengó de mí, no como
debió un noble; pues habiendo

dejado en Milán su hija
al abrigo de unos deudos
que en esta ausencia han faltado,
por gozar no sé qué sueldos
del César, pasó a Alemania,
donde, a Serafina afecto
más que a mí, favoreció
su partido. Pero esto
no es del caso; y así vamos
a que, a ausentarme resuelto,
pedí licencia al cariño
que tuve. Advertid, os ruego,
pues hablo con vos, y no
puede Lisarda saberlo,
que deciros que le tuve
no es deciros que le tengo,
sin que por esto tampoco
penséis que el mudar de afecto
nace de aquella ojeriza.
Y así aquí la hoja doblemos;
que, para acudir a todo,
yo la desdoblaré presto.
Salí, Fabio, de Milán
solamente con intento
de complacer el capricho
de mis locos devaneos;
pero apenas vi las cuatro
cortes de nuestro hemisferio,
a quien parece que miran
afables cuatro elementos
(pues Nápoles, toda halagos,
e[s] blanda región del viento;
toda montes Roma, es
de la tierra fértil centro;

toda mar Venecia, de agua
población; y toda fuego
Sicilia, abrasada esfera)
cuando los ojos volviendo
a mis sentimientos, vi
no enmendar mis sentimientos
la vaguedad de mi vida;
pues antes iban creciendo
con la hermosa variedad
de tanto glorioso objeto;
y así traté de volverme,
que nunca duran más que esto
veletas que solo están
contemporizando al viento;
si bien otro intento, Fabio,
fue causa, pues fue el intento,
rematando con las ruinas
de mi poca hacienda, expuesto
a hacerme yo mi fortuna,
irme a la guerra que veo
que los alemanes rompen
con los esgüízaros. Pero
¿qué más guerra que un cuidado,
más asalto que un deseo,
más campaña que un amor,
ni más arma que unos celos?
Celos dije, y amor dije;
pues para que veáis si es cierto,
aquí haced punto, que aquí
os he menester atento.
Volviendo, pues, a Milán,
hube de tocar en pueblos
del principato de Ursino,
y hallélos todos envueltos

en públicas alegrías,
bailes, músicas y juegos.
Pregunté la causa y supe
que era haber cumplido el tiempo
de su pupilar edad
Serafina, y que el consejo,
que había hasta allí gobernado
en forma de parlamento,
a otro día la ponía
en posesión del gobierno,
con calidad que en un año
hubiese de elegir dueño
que los rigiese, por no
estar a mujer sujetos.
A este efecto hacía el estado
regocijos y a este efecto
cuantos príncipes Italia
tiene, a su hermosura atentos
más que a su estado (¿qué mucho,
si la hermosura es imperio
que se compone de tantos
vasallos como deseos?),
procuraban festejarla,
siendo de todos primero
acreedor de tanta dicha
don Carlos Colona, excelso
príncipe de Bisiniano,
que en los comunes festejos
tiene el primero lugar.
Aténgome a su derecho,
porque está muy adelante
el que por casamentero
tiene al vulgo, y muy atrás
quien tiene de un vulgo celos.

Añadióse a esta noticia
que Carlos, fino y atento,
un torneo de a caballo
mantenía, defendiendo
que ninguno merecía
ser de Serafina dueño.
Quien defiende una verdad
muy poco le debe al riesgo.
Yo no sé con qué ocasión,
pues antes debiera cuerdo
hüir, Fabio, sus aplausos
para huir mis sentimientos,
entré en deseo de ver
la novedad del torneo,
y fui a la corte de Ursino;
mas ¡qué sin vista, qué ciego
sigue el dictamen del hado
un infeliz, no advirtiendo
dónde está el daño ni dónde
está el favor! Porque el cielo,
que con letras de oro tiene
en campo azul sus decretos
ya iluminados, no hace
caso del discurso nuestro;
y así el mal y el bien se vienen
sucedidos ellos mesmos.
Dígolo porque, llegando
disfrazado y encubierto
de noche, hallé la ciudad
hecha humano firmamento.
Los horrores de las sombras
con las máquinas del fuego
desdén hicieron del día.
Perdone el Sol, si me atrevo

a decir que, si duraran
los materiales reflejos
de tanto esplendor, la aurora
misma no le echara menos;
pues naciendo no podía
darla más luz que muriendo.
De una en otra calle, pues,
con vista vagueando a tiento,
al palacio llegué, adonde
también informado advierto
que hacía un público sarao
las vísperas del torneo,
que había de ser a otro día.
Aquí, entre la gente envuelto
más común, llegué al salón,
donde vi en un trono excelso
a Serafina. Esta vez
el nombre trajo el concepto,
no yo; y así permitidme
decir, o vulgar o necio,
que era cielo y Serafina
el serafín de su cielo.
Ya os dije que no la había
visto desde sus primeros
años; y así la objeción
no será de fundamento,
si dijere que fue ésta
la primera vez que atento
vi tan cara a cara al Sol,
que desalumbrado y ciego
quedé a sus rayos. No sé,
(si a las mejoras atiendo
que hallé en su hermoso semblante)
que dos manos tiene el tiempo,

que una va perficionando
cuando otra va destruyendo;
mas bien sé (si en las acciones
de un diestro pintor lo advierto,
pues cuando labra estudioso
alguna imagen, al lienzo
arrima el tiento y descansa
luego la mano en el tiento),
cuando no le sale a gusto
el rasgo que deja hecho,
lo que la derecha pinta
borra la izquierda. Esto mesmo
al tiempo sucede, pues,
cuando en breves años tiernos
va ilustrando perfecciones,
va la hermosura en aumento;
pero, cuando no le sale
tan a su gusto el objeto,
le quita con una mano
el matiz que otra le ha puesto;
siendo la edad de una dama
tabla en que dibuja diestro
hasta cierto punto, en que,
de la imagen mal contento,
él mismo vuelve a ir borrando
lo que él mismo fue puliendo.
En toda mi vida, Fabio,
vi prodigio, vi portento,
vi asombro, vi admiración
de igual hermosura. Pero
¿qué mucho, si en cuatro lustros
no ha tenido tiempo el tiempo
para que desagradado
cualquier rasgo no sea acierto?

No me quiero detener
en pintar los lucimientos,
bordados, joyas y galas
de damas y caballeros;
porque me está dando priesa
el más extraño suceso
que oísteis jamás. Y así baste
decir que, como entre sueños
pasó el festín y la noche
quedó en su común silencio,
yo, que saqué dél conmigo,
sin saberlo yo, en mi pecho...
un cuidado iba a decir,
y no es cuidado; un deseo,
y no es deseo tampoco;
un afecto, y no es afecto;
un agrado, y no es agrado;
un tormento, y no es tormento;
un no sé qué... ahora lo dije;
pues no sé lo que es, supuesto
que miento, si digo gusto,
y si digo pesar, miento;
tan nuevo huésped del alma
que, aposentándole dentro
della, aun ella no sabía
si era tristeza o contento.
Con este enigma, que aun hoy
ni le descifro ni entiendo,
a las puertas del palacio
me quedé absorto y suspenso,
sin saber adónde irme
(mas ¿qué mucho, si violento
estuviera en otra parte,
pues ya era aquélla mi centro?),

cuando a no pequeño espacio
escucho decir al eco
en desacordadas voces
de mal formados acentos:
«¡Fuego!» No hube menester
segundo informe, supuesto
que, para saber adónde,
fue oírle y verle tan a un tiempo
que llegó a mí tan veloz
la llama como el estruendo.
El cuarto de Serafina
era el que en breve momento
de alcázar pasó a volcán,
de palacio a Mongibelo.
Toda su fábrica hermosa,
ruina del voraz incendio,
pirámide era de humo,
tan alta que los reflejos
de sus erradas centellas,
con presunción de luceros,
a pesar del viento, ardían
de esotra parte del viento.
Mal hubiese el aparato,
mal hubiese el lucimiento
de tanta encendida antorcha
como le adornó primero;
pues, descuidada pavesa
del abrasado festejo
el asunto dio al acaso
y a mí el asunto y el riesgo.
Pues, como más desvelado
o más cercano, creyendo
que en otro incendio llevaba
perdido a cualquiera el miedo,

me arrojé a entrar y, pasando
del hidrópico elemento
las ya destroncadas ruinas,
con que voraz y sediento
hacía iguales desperdicios
de lo precioso y lo bello,
sin que aquí al oro, allí al jaspe
tuviese su [s]ed respeto,
sin que respeto tuviese
su hambre aquí al pulido aseo
ni allí al precioso menaje,
abrasando y consumiendo
desde el dorado artesón
al chapeado pavimiento,
aquí estudios del telar
y allí del pincel desvelos,
«¡Cielos, piedad!» una voz
en desmayado lamento
dijo, cuyo boreal norte
me dio en una cuadra puerto,
donde Serafina hermosa,
casi en el último aliento
de su vida, sin sentido,
duraba con sentimiento.
Ni bien desnuda, ni bien
vestida estaba; que a medio
traje debió de cogerla
el sobresalto y, queriendo
escapar, fue de la fuga
rémora el desmayo. ¡Ah, cielos,
y quién supiera pintarla!
Pero aun contado no quiero,
cuando ella se está abrasando,
estarme yo discurriendo.

Con ella cargué en los brazos
y, Eneas de amor, rompiendo
canceles de fuego y humo,
salí al primer patio, a tiempo
que ya la lloraban muerta
los que, así como la vieron,
quitándola de mis brazos,
cuidaron de su remedio,
albergándola en la casa
de un anciano caballero,
sin que de mí ni mi acción
hiciese ninguno dellos
caso. Mas ¿qué acción de pobre
se ha agradecido más que esto?
¿Quién creerá que a quien me quita
estado, lustre y aumento
diese la vida? Mas ¿quién
no lo creerá, si, acudiendo
ahora a desdoblar la hoja
que dejé, a confesar llego
que es la causa su hermosura
y no el aborrecimiento
del padre, para que echase
a Lisarda de mi pecho?
Diga del primer amor
lo que quisiere el más cuerdo;
que, en llegando a ver segundo,
siempre al segundo me atengo.
Quien me acuse de mudable
meta la mano en su pecho,
y verá cuántos cariños
de ayer son hoy cumplimientos.
En demanda, pues, de tanta
dicha como me prometo

o de la locura mía
o de su agradecimiento,
ya que dilató este acaso
saraos, justas y torneos,
prevenido, como pude,
de créditos y dineros,
galas, armas y caballos,
declarado amante vuelvo
a festejarla y servirla,
no sin esperanza, puesto
que, para que me conozca
dueño de su vida, llevo
una seña en esta joya
que, al quitármela del pecho,
la quité del pecho yo
para testigo y acuerdo
de mi acción. Fundado en ella
y en mi sangre, que en efecto
si arde sin fuego, quizá
arderá mejor con fuego,
he de obligarla.

(Salen Lisarda, y quítale la joya, y Nise.)

Lisarda   No harás,
              ingrato.

Federico   ¿Qué es lo que veo?

Lisarda   Que si no hay otro testigo
              de la deuda en que la has puesto,
              sino esta joya, esta joya
              no lo será ya.

(Hace que la arroja.)

Federico ¿Qué has hecho, tirana?

Lisarda Arrojar al Po
ese traidor instrumento
de mi agravio; que, si a ti
favoreció un elemento,
a mí otro: llévese el agua
lo que a ti te trajo el fuego.

Federico ¡Oh, mal haya la atención
de obligaciones que han puesto
lazos al noble en las manos
para no vengar despechos
de mujer! Que ¡vive Dios!
que, a no mirar que me ofendo
más a mí que a ti, no sé
lo que hiciera, al ver que pierdo
la mejor prenda del alma!
Mas yo amaré tan atento,
yo idolatraré tan fino,
yo serviré tan sujeto
que no me haga falta. Y pues
oíste lo que pretendo
en este papel dorarte,
más que de fino, de cuerdo,
toma el papel a pedazos;
(Rómpele.) que más disculpa no quiero
ya contigo; y pues el agua
hoy te ha vengado del fuego,
busca también quien te vengue
de los átomos del viento.

                        ¡Patacón!

(Sale Patacón.)

Patacón   Bien podría hallarte
                 yo allá, estando tú acá dentro.

Federico   ¿Está ya dispuesto todo?

Patacón   Todo está, señor, dispuesto.

Federico   Pues llega la posta, y vamos.
                 Adiós, Fabio. Y tú, áspid fiero,
                 quédate; que, a no más ver
                 de tu hermosura me ausento.

(Vase Federico.)

Patacón   Nise, adiós. Y en esta ausencia
                 una cosa te encomiendo,
                 aforrada della.

Nise   ¿Qué es?

Patacón   Casta, no casta.

Nise   Ya entiendo.

(Vase Patacón.)

Fabio   Bien pudiera yo vengarme,
                 Lisarda, de tus desprecios
                 con tus desprecios; mas es
                 noble mi amor y no quiero

    que tus sentimientos sean
    despique a mis sentimientos;
    y así lloralos sin mí;
    porque al verte llorar, temo
    que a alguna ruindad me obliguen
    o mis celos o tus celos.

(Vase Fabio.)

Lisarda   ¿Quién en el mundo se vio
            en igual desaire? Pero
            ¿cómo cobarde me aflijo
            y no animosa me vengo?

Nise   ¿Qué venganza has de tener
            de hombre tan ruin y grosero
            como ha andado? ¿Éste era el fino?
            ¿Éste el rendido, el atento?
            ¡Ah, fuego de Dios en todos!

Lisarda   No sé; mas sí sé, pues tengo
            esta joya en que fundar
            mis engaños.

Nise   ¿Cómo es eso?
            Pues ¿no la arrojaste al río?

Lisarda   No; porque el fin previniendo
            de que me podía servir,
            otra que tenía en el pecho
            arrojé, con que sus señas
            pudo desmentir el viento.
            Y pues lo que en un instante
            previne sucede, ¡ea, ingenio!

              a nueva fábula sea
              mi vida asunto; que, puesto
              que de celosas locuras
              están tantos libros llenos,
              no hará escándalo una más.

Nise   ¿Qué intentas?

Lisarda   ¿Desde el primero
              oriente mío no fui
              víbora, pues que naciendo
              la vida costé a mi madre?
              ¿Mi padre entre los estruendos
              de Marte no me crió,
              por no dejarme a los riesgos
              de los bandos gebelinos,
              siendo él campeón de los güelfos?
              ¿Segunda naturaleza
              la costumbre no me ha hecho
              tan varonil que la espada
              rijo y el bridón manejo?
              ¿Hoy, apagados los bandos,
              por ir al César sirviendo,
              en Milán no me dejó
              encargada a Filiberto,
              su hermano? ¿Él en esta ausencia
              también (¡ay de mí!) no ha muerto,
              con que estoy libre? ¿Mi primo,
              el príncipe de Orbitelo,
              a quien su madre ha criado,
              sin que le haya visto el pueblo,
              entre sus damas, no es
              un hermoso joven bello,
              en cuyo labio la edad

	aun no dio el perfil primero de la juventud? ¿No van a Ursino amantes diversos de Serafina?
Nise	Sí.
Lisarda	Pues haz de todo esto un compuesto, y sígueme, sin que pongas objeción a mis intentos; que, si no hubiera extrañeza en los humanos afectos, la admiración se quedara inútil al mundo; puesto que no hubiera que admirar maravillas y portentos de un hombre con desengaños y de una mujer con celos.

(Vanse.)

(Salen dos damas con instrumentos, y Teodoro, viejo.)

Teodoro	¿Traéis instrumentos?
Dama 1	Sí.
Teodoro	Pues para aliviar su triste pena, en tanto que se viste, podéis cantar desde aquí, ya que experiencia tenemos que nada pasión tan fuerte, sino el canto, le divierte.

Dama I   ¿Qué tono, Flora, diremos?

Dama II   El de Aquiles, cuando está
           sirviendo a Deidamia; pues
           su letra otras veces es
           la que más gusto le da.

Teodoro   Cantad, y sea el que fuere,
           pues a música inclinado,
           el cielo en ella le ha dado
           tanta gracia que prefiere
           a las aves; y podría
           ser que, como os escuchase,
           cantando él también, templase
           tan grave melancolía.

(Cantan.)

Damas   «De Deidamia enamorado,
           hermosísimo imposible,
           en infantes años tiernos
           estaba el valiente Aquiles.»

(Sale César vistiéndose.)

César   ¿De Deidamia enamorado,
           hermosísimo imposible,
           en infantes años tiernos
           estaba el valiente Aquiles?
(Canta.)   «¡Ay de mí, triste,
           que mi vida estas voces me repiten!»

Damas   «Tan rendido a sus pasiones,

| | felices ya, ya infelices,
que a gusto del pesar muere,
y a pesar del gusto vive.»

César   ¿Tan rendido a sus pasiones,
felices ya, ya infelices,
que a gusto del pesar muere,
y a pesar del gusto vive?
(Canta.)   «¡Ay de mí, triste,
que mi vida estas voces me repiten!»

Damas   «Tetis, su madre, temiendo
que entre dos muertes peligre,
la guerra que la amenaza
y la pasión que le aflige,
porque una no sepa dél
y otra su dolor alivie,
para que sirva a Deidamia
traje de mujer le viste.»

César   ¿Para que sirva a Deidamia
traje de mujer le viste?
(Canta.)   «¡Ay de mí, triste,
que mi vida estas voces me repiten!»
             Callad, callad; que parece
que el tono y letra que oí,
no por Aquiles, por mí
se hizo; pues en él me ofrece
   no sé qué sombras la idea
que presumo que soy yo
quien en mujer transformó
su madre; pues que desea
   que, entre mujeres criado,
de Marte el furor ignore,

y melancólico llore
las amenazas del hado,
　sin que a mi dolor penoso
alivie el daño; pues dél
solo me da lo crüel
y me niega lo piadoso.
　Pues ya que como mujer,
contra mi ambición altiva,
quiere que encerrado viva,
pudiera también hacer
　que como mujer sirviera
a otra más bella, más rara
Deidamia, de quien gozara
solo la vista siquiera.
　Y puesto que mis tormentos
tanto me ahogan, callad,
y para siempre arrojad
o romped los instrumentos;
　que no quiero, cuando yo
lloro un oculto pesar,
oír cantar, por no cantar.

Teodoro   ¿Esto no te agrada?

César   No.

Teodoro   Pues ¿de cuándo acá, si el cielo
de tal gracia te ha dotado
que a tus voces se han parado
los pájaros en su vuelo,
　la aborreces, siendo así
que solo el canto solía
templar la melancolía?

César	Desde que reconocí
	que él la templaba, no quiero,
	Teodoro, usar dél; que es tal
	mi mal que solo en mi mal
	me alivia el ver que dél muero.
	Y así dejadme morir,
	sentir, padecer, penar.
	¿Qué tono como llorar?
	¿Qué letra como gemir?
Teodoro	¿Es posible que de mí
	no te fiarás, pues he sido
	yo el que solo te ha servido,
	criado y enseñado?
César	Sí.
	De ti me quiero fiar.
(A las damas.)	Salíos las dos allá fuera.

(Vanse las damas.)

César	Oye la piedad primera
	que me debe mi pesar:
	Heredero de mi padre
	quedé, Teodoro, en infancia
	tan tierna que no sentía,
	hasta otro tiempo, su falta.
	Mi madre, guardando noble
	la viudedad de romana
	antigua, como matrona
	de su lustre y de su fama,
	dejó a Milán y a Orbitelo
	y, reduciendo su casa
	a moderada familia,

la trajo entre estas montañas
donde Miraflor del Po
es tan abreviado alcázar
que apenas sus poblaciones
de cuatro villanos pasan.
Cubrió de funestos lutos
su vivienda, con tan rara
austeridad que aun al campo
apenas dejó ventana.
En esta soledad y este
retiro fue mi crianza
del delito del nacer
una prisión voluntaria.
En ella (que, aunque lo sepas,
no importa el decirlo nada,
puesto que un triste, aunque diga
lo que se sabe, descansa)
con tan grande, con tan ciega
terneza me mira y ama
que el aire, que apenas pase
junto a mí, la sobresalta.
Si alguna tarde la pido
licencia para ir a caza,
aun los conejos presume
que son fieras que me matan;
y lo más que me concede
es, cuando más se adelanta,
chucherías de las aves,
varetas, ligas y jaulas.
Si a las orillas del río
salgo a pescar con la caña,
desvanecido en sus ondas
temiendo queda que caiga.
Verme arcabuz en las manos

es llorar que se dispara
o se revienta. Si ve
que algún caballo me agrada,
por manso que sea, presume
que se desboca y me arrastra.
Espada no me permite
traer, siendo así que la espada
a los hombres como yo
se ha de ceñir con la faja.
La familia que me asiste
solo es de dueñas y damas
y solo lo que de mí
la gusta es tocar un arpa,
a cuyo compás tal vez,
porque buscando esta gracia
a otra, quizá dio conmigo,
llora mi voz lo que canta.
A ti solo, por no hallar
mujer en el mundo sabia,
que si la hubiera en el mundo,
sin duda es que la buscara,
me dio por maestro, de quien
he aprendido lo que llaman
buenas letras; de manera
que hijo de viuda es tanta
la atención con que me cría,
el temor con que me guarda,
que presumo que la misma
naturaleza se agravia,
quejosa de que el cabello
crecido y trenzado traiga,
y por eso no ha querido
brotar, Teodoro, en mi cara
aquella primera seña

que a la juventud esmalta.
Dejemos en este estado
la desdicha de que haya
crecido un hombre a no más
que a crecer, sin que le haga
pasaje la edad a que
a ver sus iguales salga;
y vamos a otro suceso,
cuya novedad extraña,
criándola como me crían,
nunca ha salido del alma.
Serafina, que hoy de Ursino
es princesa propietaria,
vencido el pleito, de que
tú fuiste parte contraria,
pues de Federico amigo,
ayudaste sus instancias,
cuya ojeriza te tiene
sin tu familia y tu casa,
y confiscada tu hacienda,
desterrado de tu patria,
a besar la mano al César,
que en esta ocasión se hallaba
en Milán, porque viniendo,
llamado de la arrogancia
del esgüízaro rebelde,
dar quiso una vuelta a Italia,
pasó a vista de Belflor,
adonde mi madre trata,
por deudo o por amistad,
aquella noche hospedarla.
Vila, Teodoro, y vi en ella
la beldad más soberana
que pudo en su fantasía,

lámina haciendo del aura,
del pensamiento colores,
jamás dibujar la varia
imaginación de quien
piensa en lo que a ver no alcanza;
si ya no es que, como era
mi pecho una lisa tabla
en quien amor no había escrito
ningún mote de sus ansias,
sin ser menester borrar
líneas de primera estampa,
pudo escribir fácilmente,
y escribió: «Muera quien ama».
Apenas besé su mano
cuando mi madre me manda
retirar, por dar lugar
a que descanse en la cama.
Tan breve fue la visita
que pienso que, si tornara
a verme, no era posible
que me conociese. ¡Oh cuánta
debe, Teodoro, de ser
la no medida distancia
que hay desde el ver al mirar!
Dígalo el que viendo pasa
o el que mirando se queda;
pues siendo una cosa entrambas,
uno esculpe en bronce duro
y otro imprime en cera blanda.
Tan triste salí y tan ciego
de haberla visto y dejarla
que, curiosamente osado,
dando la vuelta a una cuadra
que a su hospedaje salía,

a la breve luz escasa
de la llave de la puerta
falseó mi vista las guardas.
De sus prendidos adornos
fue despojando bizarra
el cabello y, viendo yo
que a cada flor que quitaba
iba quedando más bella,
dije: «Sin duda es avara
la hermosura allá en el mundo,
pues sobre perfección tanta,
pidiendo ayuda al aliño,
pide lo que no le falta».
Apenas él se vio libre
de trenzas y de lazadas,
cuando empezó a desmandarse
por el cuello y por la espalda.
Perdone esta vez Ofir,
peinado monte de Arabia,
porque esta vez no han de hilarse
sus hebras en sus entrañas.
De negro azabache era
ondeado golfo, y con tanta
oposición por la nieve
o se encoge o se dilata
que, cuando la blanca mano
en crencha al lado le aparta,
jugando siempre el dibujo
de la frente a la garganta,
de ébano y marfil hacía
taracea negra y blanca.
A fácil prisión reduce
una cinta la arrogancia
de aquel desmandado vulgo,

tras cuya acción se levanta
con tal gala que no era
para quedarse sin gala.
Lo que dijera no sé
de una pollera que a gayas,
siendo primeravera de oro,
brotaba flores de plata.
No sé (¡ay Dios!) lo que dijera
de un guardapié que guardaba
no sé qué cendal azul,
no sé qué rasgo de nácar,
de cuyos jazmines era
botón un átomo de ámbar,
si no fueras tú (¡ay de mí!)
Teodoro, el que me escucharas.
Que canas y dignidad
de maestro me acobardan,
y no suenan bien verdores,
donde hay dignidad y canas.
Y así diré solamente
que, apenas se vio acostada,
cuando sirviendo la cena
de mi madre las criadas,
dejándome con la noche,
ella se fue con el alba.
Cómo quedé no te digo;
tú que lo imagines basta;
pues eres testigo fiel
de mis repetidas ansias.
Muriérame de tristeza
si en un acaso no hallara,
para engañar al dolor,
tan pequeña circunstancia
como fue que, hablando della

mi madre, dijo una dama:
«No era mala la princesa
para hija.» A que recatada
respondió con falsa risa:
«¡Quién con la piedra encontrara
filosofal del amor!
¡Que a fe que no fuera falsa!»
¡Qué bien contento es un triste!
Pues, cuando de darle tratan
algún alivio a su pena,
cualquiera cosa le basta.
Dígolo porque sobró,
dicha sola una palabra,
para que yo no muriese,
a cuenta desta esperanza.
Pero aun este breve alivio
ya de entre manos me falta,
pues ya sé (la culpa tuvo
leer tú en público la carta)
que a Serafina pretenden
cuantos príncipes Italia
tiene, a cuyo efecto es toda
su corte saraos y danzas,
máscaras, justas, torneos,
en que todos se señalan,
porque, celoso de todos,
muera en mi desconfianza.
Mil veces me hubiera huido
desta prisión que me guarda,
si presumiera de mí
que yo pudiera agradarla.
Mas ¿dónde he de ir si, criado
entre meninas y damas,
sé de tocados y flores

              más que de caballos y armas?
              ¡Mal haya, no el amor digo
              de mi madre, mas mal haya,
              dejando en salvo su amor,
              de su amor la circunstancia!
              Pues ella, para que tema
              verme en público, me ata
              las manos. Ésta es mi pena,
              éste mi dolor, mi ansia,
              mi tristeza, mi desdicha,
              mi mal, mi muerte y mi rabia.

Teodoro   De todo cuanto me has dicho
              no he de responderte a nada,
              sino a aquel punto no más
              que tocaste, en que yo, a causa
              de amigo de Federico,
              ausente estoy de mi patria.

César   Pues ¿qué me importa a mí
              eso?

Teodoro   El todo de tu esperanza.

César   ¿Cómo?

Teodoro   Como interesado
              soy en que tú a Ursino vayas;
              pues si por dicha lograses
              tú el fin de dicha tan alta,
              templará tu casamiento
              de Serafina la saña,
              y yo volveré a vivir
              con mi familia y mi casa.

César   Supongo que tú me ayudes
a que desta prisión salga;
¿qué he de hacer yo en el concurso
de tantos como la aman,
si apenas los nombres sé
de lo que es tela o es valla?
Y si la verdad confieso,
solo el pensarlo me espanta;
que no en vano a la costumbre
todos en el mundo llaman
segunda naturaleza.

Teodoro   Mira, amor vuela con alas
ocultamente; y así
nadie ve por dónde anda.
Esto es decirnos que siempre,
con sus elecciones varias,
tal vez le agrada lo fiero,
tal vez lo hermoso le agrada,
tal le complace lo altivo,
y tal lo altivo le cansa.
Siendo así, no desconfíes,
que tu hermosura y tu gracia
y más, si es que alguna vez
donde ella lo escuche cantas,
podrá ser que la enamores
más por las delicias blandas
que esotros por los estruendos.
Angélica lo declara;
hermoso quiso a Medoro
más que a Orlando altivo. Trata
de enamorarla tú el gusto,
podrá ser que, si es que alcanza

	más lo bello en los festines / que lo fiero en las campañas, / lo que una Angélica hizo / una Serafina haga. / Vente conmigo, que yo / te pondré en Ursino casa. / Tu madre, viéndote allá, / es preciso que te valga / de todos los lucimientos. / Y pues que la edad te salva / de torneos y de justas, / apela para las galas, / el ingenio y la belleza; / y cuando no logres nada / ¿en qué peor estado entonces / te hallarás que el que hoy te hallas?
César	Dices bien, y las acciones / que tocan en temerarias / no se han de pensar; y así / ¿cuándo quieres que me vaya?
Teodoro	Esta noche; y pues yo tengo / llave que a tu cuarto pasa, / abierto estará; teniendo / puesta en la sirga una barca / que el Po abajo nos conduzca / a la quinta en que hoy se halla / Serafina, en tanto que / la ruina del cuarto labran.
César	Sola una dificultad / resta ahora, para que salga.

Teodoro	¿Qué es?
César	Que es preciso que pase por delante de la cama de mi madre; y si me ve salir, es fuerza la haga novedad.
Teodoro	¿No habrá un disfraz con que, a aquella luz escasa que la queda, no conozca que tú seas el que pasa?
César	Sí; y el disfraz ha de ser...
Teodoro	¿Qué?
César	Que a la dama de guarda que duerme allí, quitaré...

(Dentro.)

Voz	¡César!
César	Mi madre me llama.
Teodoro	Responde, porque no entienda de nuestro secreto nada.
César	Pues adiós.
Teodoro	¿En qué quedamos?
César	En que saldré, aunque me haga

	injuria el disfraz que pienso.
Teodoro	Antes viene bien la traza, para que no te conozcan, aunque en tus alcances vayan.
César	Pues espérame; y adiós.
Teodoro	En vela mi amor te aguarda.
César	¡Oh quiera el cielo que logre mi amor por ti esta esperanza!
Teodoro	¡Oh quiera el cielo que vuelva por ti yo a gozar mi patria!

(Vanse. Salen Serafina, Laura y Clori.)

Laura	Ya que tus melancolías te traen al campo, señora, no llores con el aurora, pues hay alba con quien rías.
Serafina	Mal de las tristezas mías el pesar podrá aliviar risa o llanto.
Clori	Eso es mostrar que no hay ni puede haber a quien dé vida el placer, si a ti te mata el pesar.
Serafina	¿Por qué?

Clori   Porque, si tu estrella,
          señora, a verte ha llegado
          tan ilustre por tu estado,
          por tu perfección tan bella,
          y tú formas queja della,
          ¿quién con la suya estará
          contenta?

Serafina   Más que me da
          mi estrella, Clori, me quita
          quien hacerme solicita
          certamen de amor; y ya
             que apuras mi sentimiento,
          ¿qué importa que celebrada
          viva en mi estado, adorada
          de uno y otro pensamiento,
          si al interés solo atento
          vino a servirme el más fino,
          siendo el estado de Ursino
          la dama que adora fiel,
          pues cuando estaba sin él
          ninguno a mis ojos vino?
             ¿Por qué ha de pensar, me di,
          el que hoy miras más postrado
          que valgo yo por mi estado
          lo que no valgo por mí?
          ¿Quieres ver si esto es así?
          El día que se abrasó
          mi palacio, ¿cuál llegó
          desos amantes a darme
          vida? ¿Cuál, para librarme,
          a las llamas se arrojó?
             ¡Bueno es que, estando servida
          de tantos príncipes, fuese

                    un hombre vil quien me diese
                    a vista de todos vida!
                    Y ser vil, es conocida
                    cosa, pues se contentó
                    con la joya que llevó,
                    como si yo no le hubiera
                    de pagar de otra manera
                    el socorro.

Laura   En eso no
                       puedes tu queja fundar;
                    que a tus umbrales primero
                    estaría.

Serafina   Ahora quiero
                    a nueva queja pasar.
                    ¿Por qué otro había de estar
                    a mis umbrales? Mal sales
                    con la razón que los vales;
                    que eso antes es ofendellos;
                    porque yo pensaba que ellos
                    dormían a mis umbrales.
                       Con que de todos quejosa
                    y de ninguno agradada,
                    me huelgo ver dilatada
                    aquella lid amorosa,
                    por si en tanto que reposa
                    en quietud el ardimiento,
                    tregua hace mi sentimiento
                    al ver que en su competencia
                    ha de hacer la conveniencia,
                    y no el gusto, el casamiento.

(Sale Carlos.)

Carlos Sabiendo que esta mañana
salías al campo, porqué
lo dijo alegre la rosa,
lo dijo ufano el clavel,
esperando cada uno
la dicha de florecer
más que al halago del Sol,
al contacto de tu pie,
previne, por si querías
del río la pesca ver,
tres góndolas que veloces
parecen, sulcando en él,
tal vez dejando la orilla,
y cobrándola tal vez,
que un Aquilón africano
las engendró a todas tres.
Para música las dos
son, la otra para ti, en quien
brillar, a pesar del agua,
una ascua de oro se ve;
bien que la tienda desdice
el concepto; porque, aunqué
son de oro los masteleros,
de tela la tienda es,
con cuyo verde color
se corresponden después
gallardetes y casacas,
todo haciendo, al parecer,
un verde islote, si ya
no un escollo, como el que
hurta un poco sitio al mar,
y mucho agradable en él.
Pero aunque mi prevención

                atenta a tu gusto esté,
                con la música en el aire
                y el agua con la red,
                te suplico que no admitas
                hoy el festejo, porqué
                colérico el Po ha salido
                de sus límites. No sé
                si ha sido envidia del mar
                que, llegando a conocer
                que por huésped te esperaba,
                se ha incorporado con él,
                con cuya avenida es tal
                de su furor el desdén
                que, abrigándose a la orilla,
                al más lejano bajel,
                si no le da el temor alas,
                de pluma calza los pies.

Serafina   La prevención agradezco,
                Carlos, y el aviso; y pues
                se ve el Po tan esplayado,
                que lo que era campo ayer
                hoy es golfo, y en su margen
                solo descollarse ven
                cuatro o seis desnudos hombros
                de dos escollos o tres,
                y que vuestra prevención
                no deja lograrse, haced
                que la góndola en la arena
                varada aguarde, hasta que
                de la cólera del Po
                templada la saña esté.

Carlos   Así templara su saña...

Serafina	Basta; no me digas quién.
Carlos	¿Qué importa que yo lo calle, si la que lo ha de saber lo sabe ya?
Serafina	Y aun por eso es justo el callarlo; pues, para no saber, oír retórica ociosa es.
(A Clori y Nise.)	Venid conmigo las dos por esta orilla.
Carlos	Ya, pues que me obliguéis a callar, no me obliguéis a no ver; y permitidme que siga el divino rosicler, mudo girasol de amor.

(Salen Federico y Patacón.)

Federico	No pases de aquí.
Patacón	¿Por qué?
Federico	Porque está aquí Serafina.
Patacón	Pues antes por eso es bien que pase y repase a verla; que estoy muriendo por ver si es tan bella como dices.

Federico	El paso, loco, detén; que, si no miente el temor o el corazón, que es mal fiel, es Carlos de Bisiniano el que está allí. ¡Ansia cruel!
Patacón	¿Al primer encuentro azar? Mas ¿cuánto va que a perder echamos el galanteo al primer lance?
Federico	¿Por qué?
Patacón	Porque, si celos te da, reñirás luego con él.
Federico	No haré; que el que a competir viene en público, ya sé que ha de sentir y callar, si desea merecer.
Patacón	¡Cuánto me huelgo de verte, señor, dese parecer!
Federico	¿Por qué?
Patacón	Porque hay quien murmure que luego la espada esté a cada paso en la mano.
Federico	Cobarde debe de ser; que, si a cualquier paso hay causa, el no parecerle bien que otro riña es argumento

	de que no riñera él.
Laura	¿Dónde, caballero, vais? Atrás el paso volved; que está la princesa aquí.
Federico	Pues hacedme vos merced de saber si da licencia a un forastero de que bese su mano.
Laura	Esperad aquí. Mas ¿quién la diré que sois?
Federico	Federico Ursino.
Laura	Perdonad no conocer vuestra persona.
Federico	No hay culpa en vos. (Pues que ya la ves, ¿no es hermosa?)
Patacón	(No, por cierto, sino así, un sí es, no es).
Laura	Federico Ursino dice, señora, licencia des para que bese tu mano.
Serafina	Vuelve, Laura, a decir quién.
Laura	Federico Ursino.

Serafina	¿A mí mi primo?
Laura	Sí.
Serafina	Solo fue éste el necio que faltaba para cansarme también.
Laura	¿Qué quieres que le responda?
Serafina	Di que llegue.
(A Federico.)	
Laura	Ya tenéis licencia.
Federico	(Turbado llego).
Carlos	(Solo ahora faltaba ser competidor Federico. Mas no se atreverá él, pobre y deslucido, a serlo.)
Federico	Pues no puedo merecer besar, señora, tu mano, merezca besar tus pies.
Serafina	Del suelo alzad.
Federico	Extrañado el atrevimiento habréis

                de llegar a vuestros ojos;
                pues porque no lo extrañéis
                y sepáis con qué ocasión,
                que solo vengo sabed
                del gobierno del estado
                a daros el parabién.
                Porque nadie más que yo
                interesado se ve
                en vuestro aumento; pues solo
                sentí la instancia perder
                porque fuese otro y no yo
                quien su posesión os dé.
                Gocéisle la edad del Fénix
                que, hijo y padre de su ser,
                o nace para morir
                o muere para nacer.

Serafina   Yo, Federico, os estimo
                cumplimiento tan cortés.

Federico   No es cumplimiento, señora,
                y porque lleguéis a ver
                cuán de veras mi verdad
                desea satisfacer
                la obligación de escudero,
                vengo a pediros me deis,
                por ser yo a quien más le toca,
                licencia de deshacer
                en vuestro nombre un agravio
                que os hacen en un cartel.

Carlos   ¿Qué agravio?

Federico   Decir que nadie

	la merece.
Carlos	Pues ¿hay quién?
Federico	Sí; quien la vida la da,
	cuando en peligro la ve,
	merece gozar la vida
	que desde allí es suya, pues
	nadie da lo que no es suyo;
	y si entonces suya fue
	la vida que dio ¿quién duda
	que ahora lo sea también?
Carlos	Aunque ésa es sofistería,
	¿quién fue quien se la dio?
Federico	Quien
	(bien entrara aquí la joya;
	¡mal haya Lisarda, amén!),
	cuando otros de reposar
	trataba de padecer,
	y está tan desvanecido
	de aquella acción que de fiel
	se encubre, porque no quiere
	más premio, más interés,
	que el haberla conseguido.
	Y así vengo a defender
	que quien da una vida y calla
	merece premio de ser
	dueño de su vida antes,
	y de su favor después.
Carlos	Eso dirá la campaña.

Federico ¿Quién dice que no?

Serafina Está bien.
Y pues tiene apelación
la porfía, suspended
los argumentos; que aquí
solo se he de oír y ver.

(Dentro Lisarda y César.)

Lisarda ¡Cielos, favor!

César ¡Piedad, cielos!

Serafina ¿Qué dos veces escuché
en el monte y en el río?

Federico y Carlos A lo que se deja ver...

Federico desbocado un caballo...

Carlos zozobrado allí un batel...

Federico por el monte a despeñarse...

Carlos por el río a perecer...

Federico con un generoso joven...

Carlos con una hermosa mujer...

Federico vaga de uno en otro risco.

Carlos va de uno en otro vaivén.

(Dentro César y Lisarda.)

César ¡Cielos, piedad!

Lisarda ¡Favor, cielos!

Serafina ¡Qué desdicha tan crüel!
¡Quién sus dos vidas pudiera
piadosa favorecer!

Federico Si tú lo deseas, yo ofrezco
la una.

(Vase Federico.)

Carlos Yo la otra también.

(Vase Carlos.)

Serafina ¿Cómo, hidalgo, vos no vais
uno ni otro a socorrer?

Patacón No me tocan los socorros;
que soy toreador de a pie.

Lisarda y César ¡Cielos, piedad! ¡Piedad, cielos!

Clori Ya Federico se ve...

Laura Ya Carlos allí se mira...

Clori que con gallarda altivez...

Laura	que con osado denuedo...
Clori	saliendo al bruto al través...
Laura	los remos tomando a un barco...
Clori	la capa enreda a los pies...
Laura	dando cabo al leño frágil...
Clori	y con la espada después...
Laura	trayéndole de remolque...
Clori	le ha podido detener...
Laura	pudo a la orilla sacarle...
Clori	y viendo al joven caer...
Laura	y desmayada la dama...
Clori	carga en los brazos con él...
Laura	con ella carga en los brazos...
Las dos	y ambos llegan a tus pies.

(Saca Federico a Lisarda en los brazos, vestida de hombre, y Carlos a César, vestido de mujer.)

Federico	Ya la parte que me cupo deste peligro excusé.

Carlos	Y en la que me cupo a mí estás servida también.
Serafina	¡No vi más gallardo joven; no vi más bella mujer!
Lisarda	¡Cielos, aliento me dad!
César	¡Vida, hados, me conceded!
Lisarda	Para saber a quién debo la vida...
César	Para saber dónde estoy...
Lisarda	(Pero ¿qué miro?)
César	(Mas ¿qué es lo que llego a ver?)
Lisarda	(¿Federico no es aquéste?)
César	(¿Ésta Serafina no es?)
Federico	(¡Patacón!)
Patacón	(Nada me digas; ya todas tus dudas sé.)
Federico	(¿No es ésta Lisarda?)
Patacón	(Así lo fuera yo.)

Serafina	En tanto que vos, bella dama, cobráis los colores que a la tez robó el susto, decid vos ¿quién sois?
Lisarda	En sabiendo a quién; que no es justo una ignorancia me acuse de descortés.
Serafina	Serafina soy.
Lisarda	Ahora que, rendido a vuestros pies, no puedo errar el estilo, que soy, señora, sabed el príncipe de Orbitelo, César...
César	(¿Qué es lo que escuché? Mi nombre ha dicho y mi estado.)
Patacón	¡Vive Dios...
Federico	(La voz detén.)
Patacón	(que es el enredo mayor!)
Federico	(Oye y calla.)
Patacón	(Mal podré.)
Lisarda	...que, habiendo oído a la fama el certamen de un cartel,

                    a ser vuestro aventurero
                    vengo, confiado en que
                    no mereceros ninguno
                    es asunto suyo, pues
                    no es grosero quien ya sabe
                    que viene a no merecer.
                    Por llegar a vuestros ojos
                    tan veloz pretendí ser
                    que, con ansias de volar,
                    tuve a pereza el correr;
                    con que, apurado el caballo,
                    al freno rompió la ley,
                    si ya no fue de mi dicha
                    diligencia su altivez;
                    porque volar hacia el Sol
                    lo acreditase el caer.

(Sale Nise de lacayuelo.)

Nise   Y yo, Gandalín Menique,
                ragazzo suyo, doy fe
                que es verdad cuanto él ha dicho,
                fecha a tantos de tal mes,
                día de San Orbitelo,
                supuesto que cae en él.

Lisarda   ¡Quita, necio!

Patacón   (¡Vive Dios,
                que Nise el lacayo es!)

Federico   (¡Calla!)

Patacón   (¿Quién ha de callar?)

65

Federico	(Quien ve que no le está bien.)
Serafina	Vos seáis muy bien venido; que a mí me pesa de haber dado al peligro ocasión. (Aunque le he visto otra vez, no le conociera ahora; pero tan de paso fue que no percibí sus señas.) A mi primo agradeced el socorro.
Lisarda	Caballero, yo os estimo la merced.
Federico	Guárdeos el cielo. (¡Ah, tirana!)
Serafina (A César.)	Si acaso cobrado habéis, hermosa dama, el aliento, decidme, ¿quién sois?
César	(¿Qué haré? Que decir quién soy, en este traje, en público, no es bien, ni que se sepa de mí que yo he podido usar dél; pues dejar que otro mi nombre tome y pretenda con él tampoco es justo.)
Serafina	Pues ¿no habláis?

César	(Qué decir no sé.)
	Yo, señora...
Serafina	Proseguid.
César	...hija soy de un mercader
	(forzoso es disimular
	y fingir hasta después)
	que a embarcarse al puerto iba,
	cuando, empezando a romper
	sus márgenes el Po, hizo
	que zozobrase el bajel.
	Queriendo salir a tierra,
	(esto solo verdad es)
	para darme a mí la mano,
	la tomó primero él,
	a cuyo tiempo, rompiendo
	la sirga (¡ay de mí!) el cordel,
	con un embate, me hizo
	volver al golfo otra vez,
	sin que él, en la orilla ya,
	me pudiese socorrer.
	Echóse al agua el barquero,
	procurando defender
	su vida, con que yo (¡ay triste!)
	sola en el barco quedé,
	expuesta a las inclemencias
	del hado, ya no crüel
	para mí, sino piadoso,
	pues he llegado a tus pies.
	(¡Mal haya el infame acaso
	que acción tal me obliga a hacer!)
Serafina	A Carlos de Bisiniano

| | lo podéis agradecer.
Y ya que de dos fortunas
teatro esta playa fue,
por cuenta mía las dos
desde hoy han de correr.
Id, César, a descansar.
¡Lidoro!

(Sale Lidoro viejo.)

Lidoro   ¿Qué mandas?

Serafina   Que
en vuestro cuarto esa dama
se albergue, porque no es bien
introducirla en el mío,
sin saber mejor quién es.
En él podrás repararte
desta fortuna, hasta que
sepa tu padre de ti.

César   ¡Vida los cielos te den!

Serafina   Ven, Laura. (¡Ay de mí!) Ven, Clori.

Laura y Clori   ¿Qué es lo que llevas?

Serafina   No sé.
(No vi más gallardo joven,
no vi más bella mujer,
ni vi tampoco deseo
como el que llevo, de que
haya sido Federico
el que la vida me dé.)

(Vanse Serafina, Laura y Clori.)

Lidoro Venid, señora, conmigo
adonde servida estéis.

(Vase Lidoro.)

César (Aquí no hay más que sufrir
de mi fortuna el desdén.)

(Vase César.)

Carlos (Aquí no hay más que pensar
nuevos contrarios vencer.)

(Vase Carlos.)

Federico ¡Fiera, enemiga, tirana,
falsa, alevosa y cruel,
que has venido a dar la muerte
a quien la vida te dé!
¿Qué es tu intento?

Lisarda Caballero,
ni sé qué decís ni sé
quién sois. Tratad vos de amar,
mientras yo de aborrecer.

(Vase Lisarda.)

Patacón Y tú, aspidillo casero,
¿a qué has venido acá?

Nise   A que,
                    mientras yo de bufonear,
                    trate de callar usted.

(Vase Nise.)

Federico   ¿Quién vio igual locura?

Patacón   A mí
                    poco me estorbara, pues
                    esto no puede durar
                    más que hasta decir quién es.

Federico   Pues a nadie se lo digas;
                    que no le está a mi amor bien
                    galantear una beldad,
                    cargado de una mujer.

Patacón   Pues ¿qué hemos de hacer?

Federico   Callando
                    dejar el lance correr,
                    mientras él no se declare,
                    diciendo una y otra vez,
                    entre un olvidado amor
                    y un acordado desdén:
                    «Arded, corazón, arded;
                    que yo no os puedo valer.»

                    Fin de la primera jornada

Jornada segunda

(Salen Laura y Clori.)

Clori   No se ha visto igual extremo
                 en el mundo.

Laura   ¿Quién creyera
                 que condición tan extraña
                 a cuanto es agrado diera
                 poder a una advenidiza
                 mujer, a quien su deshecha
                 fortuna echó a estos umbrales,
                 porque dulcemente diestra
                 la escuchó cantar tal vez
                 desde el sitio en que se alberga
                 en el cuarto de Lidoro,
                 hechizada de manera
                 al encanto de su voz
                 que dueño absoluto sea
                 de su voluntad?

Clori   No, Laura,
                 en tu queja ni en mi queja
                 hablemos; porque parece
                 que aquí las voces se acercan.

Laura   Pues, la plática mudemos,
                 hablando de nuestra fiesta.

(Salen Serafina y César vestido de mujer.)

Serafina   ¿Dónde, Celia, el instrumento
                 dejaste?

César   En las flores bellas
          le dejé.

Serafina   ¿Por qué?

César   Señora,
          porque a su dulce tarea,
          en metáfora de arco,
          descanse un rato la cuerda.

Serafina   Ve por él, porque no hay cosa
          que más me alivie y divierta,
          de tantos necios pesares
          como una dicha me cuesta,
          que tu voz. Y así, entre tanto
          que por la apacible esfera
          voy deste jardín, te pido
          que al compás de las risueñas
          cláusulas de sus cristales
          el aire tu voz suspenda.

César   Beso, señora, tu mano,
          por el agrado que muestras
          a quien feliz e infeliz
          llegó a tus pies. (¡Ay adversa
          suerte mía! Aunque me quite
          fama y honor tu violencia,
          ¿qué importa, si no me quita
          que estos favores merezca?)
          Pero permitid... (¡ay triste!)

Serafina   ¿Qué?

| César | Que hoy te pida licencia
para no cantar. |
|---|---|
| Serafina | ¿Por qué? |
| César | Porque, aunque es mi dicha inmensa
en servirte y agradarte,
no sé qué oculta tristeza
se ha apoderado del alma,
que más a llorar me fuerza
que a cantar, y no sé cómo
en un corazón se avenga
el gusto y pesar a un tiempo. |
| Serafina | Pues ¿qué es lo que sientes, Celia,
que a tanto dolor te obliga? |
| César | ¿Qué es lo que quieres que sienta
(¡Oh, quién pudiera decirlo!
¡Oh, quién callarlo pudiera!)
si de mi padre ignorada,
que, por llorarme por muerta,
quizá no me busca viva,
de mi natural tan fuera
que admirada estoy de cuánto
estoy en éste violenta? |
| Serafina | Yo pensé que mis favores
de tus fortunas pudieran
contrapesar los acasos. |
| César | Pues si por ellos no fuera,
¿estuviera yo con vida?
Y aunque por ellos la tenga, |

	quizá son ellos también
	los que mi pesar aumentan.
Serafina	¿Cómo?
César	Como ellos son causa
	de que haya quien me aborrezca.
	Y si me excuso...
Serafina	Prosigue.
César	...es porque alguna no sienta
	oír mi voz.
Serafina	Di; que yo
	gusto oírla. Canta apriesa;
	no temas la invidia.
César	Basta;
	¿y si Clori y Laura fueran?
Serafina	¿Son, Celia, por quien lo dices?
	Yo te haré vengada dellas.
	Laura y Clori, ¿de qué habláis?
Laura	Viendo que todos desean
	en aquestas soledades
	dar alivio a tus tristezas,
	tus damas, por tener parte
	en tan digno asunto, intentan
	que, para hacerte un festejo,
	las des, señora, licencia
	el día que cumples años.

Serafina ¿Qué festejo?

Clori Una comedia.

Serafina ¿Por qué, di, no la he de dar?
Que yo me holgaré de verla.

Laura Pues ya que muestras agrado
en que la estudiemos, resta,
porque es de música, a usanza
de Italia...

Serafina ¿Qué?

Clori Que entre Celia
a ayudarnos.

Serafina ¿Qué papel
ha de hacer?

Laura El galán della;
que su hermosura y su gracia
es bien que a todas prefiera.

Serafina ¿Querrás, Celia?

César ¿Por qué no?
Antes me holgaré me veas
en el traje de galán
cantar amantes finezas;
que ya di entre mis iguales
de aquesta habilidad muestra,
y no muy mal parecida.

| Serafina | Pues porque mejor lo seas, yo me encargo de tus galas. |

| Laura | (¿Otro favor?) |

| Clori | (Ten paciencia.) |

| Serafina | (A un envidioso no hay castigo como que tenga más que envidiar.) |

(Vanse Laura y Clori.)

| César | Otra vez te beso la mano. |

| Serafina | Piensa que no debo a mi fortuna otra dicha, si no es ésta de haberte aquí derrotado la tuya; pues de manera me obligas que, como dije, no hay cosa que me divierta ni alivie, si no eres tú. Y así te ruego no tengas pesar; que tú de tu padre, o él de ti, saber es fuerza, y en ninguna parte pueden hallarte sus diligencias mejor que conmigo. |

| César | Es cierto. Y si antes dijo mi lengua también que violenta estaba, |

| | es, con propiedad tan nueva,
que no estuviera, señora,
si en otra parte estuviera,
menos violenta mi vida
que donde está más violenta. |
|---|---|
| Serafina | ¿Quieres saber a qué extremo
mi agrado contigo llega?
Pues solo siente que Carlos
fuese quien a esta ribera
de aquel golfo te sacase. |
| César | ¿Por qué? |
| Serafina | Porque no quisiera
que hiciera por mi elección
cosa que le agradeciera. |
| César | Pues Carlos (entremos, celos,
en la experiencia primera),
que es quien más fino te sirve,
más amante te festeja,
¿no es quien más te obliga? |
| Serafina | No;
que, aunque debo a sus finezas
más que a las de todos, ¿quién
puso en razón las estrellas?
Carlos me cansa. |
| César | ¿Quién duda
que la gala y gentileza
del príncipe de Orbitelo
será causa? |

Serafina   Ten la lengua;
que a César, Celia, también
aborrezco.

César   (¿Quién creyera
que a mí me sonara bien
oír que aborrece a César?
Pero vamos adelante;
que no va mal la experiencia.)
No me atrevo a discurrir
en quién tu agrado merezca;
pero atrévome a pensar
—permíteme esta licencia—
que no es posible que deje
alguno en la competencia
de ser más bien visto que otro.

(Sonríese Serafina.)

¿Falsa risa es la respuesta?

Serafina   No es haberte concedido
la malicia.

César   No es haberla
negado tampoco.

Serafina   No;
y si la verdad confiesa
mi voz, pues contigo ya
no es bien que secreto tenga,
y más cuando tu malicia
la costa hizo a mi vergüenza,

	sabrás que de agradecida, más que de fina ni atenta, no digo el que más me agrada, el que menos me molesta es Federico mi primo.
César	Pues ¿qué ves en él que pueda obligarte, si no hay ninguno a quien menos debas? Litigar antes tu estado y ahora amarte es consecuencia que a él le pretende y no a ti.
Serafina	Aunque con razón pudiera ofenderme dél, hay otra que me obliga a olvidar ésa.
César	¿Qué razón?
Serafina	Aunque no claro me lo haya dicho su lengua, sus equívocas razones, con las lágrimas envueltas, me han dado a entender que es él el que de aquella violencia del incendio me sacó, cuya presunción me lleva tras el agradecimiento de mi vida tan atenta que no sé cómo te diga, o sea obligación o sea simpatía de la sangre o elección del gusto o fuerza del hado o qué sé yo qué,

| | que él solo las extrañezas
de mi altiva condición
ha podido... mas él llega;
y por si acaso escuchó
algo, hagamos la deshecha;
toma el instrumento y canta. |
|---|---|
| César | (Está mi vida muy buena,
sabiendo que Federico
es quien su agrado merezca,
ahora para cantar.) |
| Serafina | ¿No vas? |
| César | (¡Mal haya el que llega
a buscar sus celos, cosa
que se siente si se encuentra!) |
| Serafina | Canta, por mi vida, un tono. |
| César | Pues obedecer es fuerza,
cantaré, como el cautivo,
con el son de la cadena. |

(Toma César el instrumento. Salen Federico, escuchando lo que se canta, y Patacón. Canta.)

| César | «Ven, muerte, tan escondida
que no te sienta venir,
porque el placer del morir
no me vuelva a dar la vida.» |
|---|---|
| Federico | Sin duda, por mí, oh hermosa
deidad desta verde esfera, |

| | el concepto se escribió,
pues yo... |
|---|---|
| Serafina | Suspended la lengua,
Federico (inclinación
o lástima o sangre o deuda,
por más que tú te declares,
haré yo que él no te entienda);
que no sé qué urbanidad
impedir a nadie sea
el gusto con que a otro escucha. |
| Federico | Quizá es pensión de su estrella
quien a otro escucha con gusto
que a mí me escuche con pena. |
| Serafina | Pues porque no sea pensión,
Celia, canta. |
| Federico | Cante Celia;
pues para que llore yo
¿qué importa que cante ella? |
| (Canta.) | |
| César | «Ven, muerte, tan escondida
[que no te sienta venir,
porque el placer del morir
no me vuelva a dar la vida.»] |
| Federico | Sin duda esta letra, o bella
Serafina, por mi suerte
se escribió, puesto que en ella
se ve escondida una muerte |

	y declarada una estrella. Si una ha de ser mi homicida, máteme la declarada. Y así, a quitarme la vida, puesto que el morir me agrada...
César y Federico	«...ven, muerte, tan escondida.»
Federico	Y, porque si muerto quedo, será mi muerte favor, ven; mas pisando tan quedo que los pasos del valor parezca que los da el miedo. Ven; que, habiendo de morir, yo te saldré a recibir. Mas ¡ay de mí! que querrás, para que yo sienta más...
César y Federico	«...que no te sienta venir.»
Federico	El pesar no ha de quitar el placer de merecer, mas ¡cuál debo yo de estar el día que es mi placer no morir de tu pesar! Y al que me llegue a pedir razón le sabré decir que en mi dueño singular del vivir se hizo pesar...
César y Federico	«...porque el placer del morir.»
Federico	Y tú, si otro te pidiere razón de por qué un desdén

                más agravia a quien más quiere,
le podrás decir también
otra que aquélla prefiere,
diciendo, si es escondida
llama amor, bien mi tristeza
huye dél, porque ofendida
de otro incendio otra fineza...

César y Federico   «...no me vuelva a dar la vida.»

Serafina   Aguarda, Celia; que ya
que a un tiempo en mis dos orejas,
aquí música, allí llanto
o suenan mal o no suenan,
quiero ajustar una duda.

(Salen Lisarda y Nise al paño.)

Nise   Federico y la princesa
están aquí.

Lisarda   Pues aguarda,
que destas murtas cubiertas
oiremos.

Nise   ¡Que ha de haber murtas,
ya que aquí no hubiese puertas!

Serafina   Muchas veces, Federico,
en equívocas respuestas
me habéis querido decir
no sé qué, y no soy tan necia
que, ya que no entiendo el todo,
alguna parte no entienda.

	La primera vez dijisteis que veníais en defensa de un agravio que me hacían en que nadie me merezca; pues me mereció quien fue dueño de mi vida. Esta proposición repetida y no explicada, me lleva curiosamente a saber qué queréis decir en ella. Habladme claro.
Federico	Sí haré.
Serafina	Pues proseguid.
Federico	Oye atenta; que, aunque mi silencio quiso [recatarte la fineza], añadiéndola el callarla al realce de hacerla, con todo, viendo cuán poco mi fe contigo merezca, desnudo de tu favor, que della me vista es fuerza. Antes, Serafina hermosa, que yo a tu corte viniera —declarado amante iba a decir, pero la lengua, más cortés que yo, turbada, con tan grande voz no acierta; permite que mi osadía se vaya por mi modestia—. Vine a tu corte, llamado

del aplauso de las fiestas
que Carlos en nombre tuyo
mantenía. Vite en ellas
la noche que la fortuna,
mala autora de comedias,
empezándola en festín,
vino a acabarla en tragedia.
A tus umbrales estaba,
desvelada centinela
del sueño de tus amantes,
cuando la llama violenta
en pirámides de humo
iba buscando su esfera;
y arrojándome al peligro,
si hay peligro que lo sea
a vista de tanto premio
como tu vida...

(Salen Lisarda y Nise.)

Lisarda   La lengua
ten, falso, aleve, tirano.

Federico   (¿De dónde salió esta fiera
a matar segunda vez?)

Lisarda   Y tú, perdóname, bella
Serafina, que interrumpa
lo que Federico cuenta;
que si he callado hasta aquí,
ya desde aquí hablar es fuerza,
porque tú no hagas empeño
de su traición.

Federico	(Ella intenta, sin duda, decir quién es, porque a Serafina pierda.)
Serafina	Pues ¿qué novedad te obliga, César, a tal acción?
Lisarda	Ésta. ¿Para esto, traidor amigo, agradecido a la deuda del socorro del caballo, te di de mis dichas cuenta? ¿Para esto te hice dueño de alma y vida, siendo en ella...
Federico	(Ya es aquesto declararse.)
Lisarda	el secreto de que intentas valerte para matarme aquí con mis armas mesmas?
Federico	(¿Adónde irá a parar esto?)
Lisarda	Pues no ha de ser. Y pues ciega la fortuna me ha traído a esta ocasión, porque veas quién fue quien te dio la vida, y que todo lo que él cuenta fue por contárselo yo, yo fui, Serafina bella, el que estaba a tus umbrales, yo el que a la llama soberbia se arrojó, y el que en mis brazos pude restaurarte della,

                    por señas que, a medio traje,
                    ni bien viva ni bien muerta,
                    estabas en una cuadra,
                    donde el desmayo a su puerta
                    rémora fue de la fuga.
                    Si no bastan estas señas
                    para que veas quién es
                    quien te obliga o quien te fuerza,
                    di que te dé Federico
                    otra joya como ésta.

(Dale la joya y vase.)

Federico   Oye, aguarda.

Serafina   Deteneos;
                    no vais tras él; que, aunque quiera
                    vuestro valor del desaire
                    salvaros, ya es diligencia
                    excusada, pues ya está
                    sabida la traición vuestra.

Federico   Señora...

Serafina   Nada digáis.
                    ¿Vos, Federico, bajeza
                    tan grande como valeros
                    de traidoras diligencias?
                    ¿Vos servirme con engaño?
                    ¿Vos amarme con cautela?
                    ¿A quien su secreto os fía
                    vendéis? Pues ¿tan pocas prendas
                    de sangre y valor tenéis
                    que os valéis de las ajenas?

Federico	¡Vive el Cielo...!
Serafina	Bien está.
Federico	...que yo...
Serafina	Suspended la lengua.
Federico	...fui quien os dio...
Serafina	¿Este testigo ¿cómo es posible que mienta?
Federico	Como...
Serafina	Nada os he de oír.
Patacón (A César.)	Por Dios, que hizo buena hacienda. Deten, Celia, a tu señora.
Federico	Haz tú, por tu vida, Celia, que me escuche una palabra.
César	(A muy buen puerto te llegas, cuando puedo dar albricias de que la enfades y ofendas.)
(A César.)	
Serafina	¿Qué te dice, Celia?
(A Serafina.)	

César
>Dice
que de hablar le des licencia,
como si no fuera yo
interesado en tu ofensa.
Ni le hables ni le oigas.

Serafina
>¿Cómo puedo, si estoy muerta
por ver si tiene disculpa?
Haz tú como que me ruegas
que le escuche.

César
>(Solo esto
la faltaba a mi paciencia.)

(A Nise.)

Patacón
>Dime, embustera menor
de la mayor embustera,
¿qué ha sido esto?

Nise
>Sí diré.
(¡Ah, quién esforzar pudiera
el enredo de mi ama!)
Mas dime, antes que lo sepas,
¿traes daga?

Patacón
>Sí. ¿Para qué?

Nise
>Para que cortar quisiera
la suela de un ponleví
que dar paso no me deja.

(A César.)

Serafina	Cierto que estás importuna; yo oiré, pues tú lo deseas.
César	(No lo desearas tú más.)
(A Patacón.)	
Nise	Daca.
Patacón	Yo cortaré; suelta.
(A Federico.)	
Serafina	A Celia le agradeced, Federico, que a oíros vuelva.
Federico	Ya sé que a Celia la vida debo.
César	(¡Si bien lo supieras!)
Serafina	(¡Quiera amor tenga disculpa!)
César	(¡Quiera amor que no la tenga!)
Serafina	¿Qué tenéis, pues, que decirme?
Federico	(Menos importa que sepa que yo he tenido una dama que no que piense su ofensa, y que sufro que lo diga quien ella misma no sea.) Yo, señora, antes de veros, porque después no pudiera,

	serví en Milán una dama.
Nise	¡Cielos! ¿Hay quien me defienda? ¡Que me matan!
Patacón	¿Qué te toma, demonio?
Nise	Las plantas vuestras sean, señora, mi sagrado.
Serafina	¿Hay tan grande desvergüenza?
Patacón	Señores, ¿qué enredo es éste?
Serafina	¿Así entráis en mi presencia?
Patacón	Señora, ¡viven los cielos...!
Federico	¿Cómo es posible te atrevas, pícaro, desvergonzado, a una cosa como ésta?
Patacón	Pues ¿a qué me atrevo yo más que a cortar una suela de un zapato?
Nise	Tú lo eres.
Federico	¡Vive el cielo...!
Patacón	Considera...
Serafina	Deteneos.

(A Nise) Di, ¿qué causa
le has dado tú?

Nise Solo ésta.
El príncipe mi señor
de Orbitelo...

Serafina Di.

Nise Don César
tiene, señora, una joya
que más que a su vida precia,
porque la sacó de un fuego
adonde su fe se acendra.
Federico, que es de aquéste
amo, anda muerto por ella,
y me dice que, si la hurto,
me dará toda su hacienda.

Patacón ¿Yo he dicho tal?

Federico (¡Vive Dios,
que Nise el engaño alienta!)

Nise Hablándome en esto ahora
y dándole por respuesta
que yo no era ladrón, dijo:
«Pues ya que ladrón no seas,
para que nunca decir
lo que yo te he dicho puedas,
te he de dar muerte.» Y sacando
la daga, con ira fiera
quiso matarme. Y así
nada que te diga creas,

	porque anda por levantar algún testimonio a César. Y ahora tenle, señora, para que tras mí no venga.
(Vase Nise.)	
Serafina	Agradeced que no os hago dar cuatro tratos de cuerda.
Patacón	Fueran muy bellacos tratos.
Federico	(¡Que aquesto por mí suceda!)
Serafina	Mirad si vuestra traición a cada paso se aumenta, pues para cobrar la joya hacíades diligencias; porque no hubiese podido reconveniros con ella.
Federico	En aquel engaño y éste veréis si escucháis mi pena, que en una disculpa caben.
Serafina	¿En qué disculpa?
Federico	Oídme atenta: Yo serví en Milán, señora, una dama, antes que viera vuestra gran beldad...
(Sale Laura.)	

Laura	Enrique Esforcia pide licencia para besarte la mano.
Serafina	Pues ¿cómo desa manera, sin pedirme, Laura, albricias, me das tan alegres nuevas para mí? Dile que entre, y que bien venido sea.
Federico	(No sea sino mal venido. ¿Quién en el mundo creyera, sino echándose a pensar imaginadas novelas, que desde Alemania el padre de Lisarda al Po viniera a embarazarme el decir —¡ay infelice!— que es ella la que, en César disfrazada, celosa vengarse intenta de mí? Porque, si la digo quién es, Serafina es fuerza que de parte de su agravio se ponga, y vengarle quiera, como a quien debe el estado, que ha litigado en su ausencia tan contra mí.)
Serafina	En tanto, pues, que Enrique a mis ojos llega, proseguid vos. A una dama servisteis. ¿Qué consecuencia tiene eso con esta joya?

Federico	Ninguna; que, aunque quisiera,
	no puedo decir lo que iba
	a decir. Mas considera
	que quien adora no engaña,
	que no ofende quien desea,
	que no agravia quien estima,
	y que no injuria quien precia.
	En un instante me han puesto,
	o mi fortuna o mi estrella,
	un cordel a la garganta,
	una mordaza en la lengua
	para no poder hablar;
	Y pues que callar es fuerza
	y acudir volando a que
	ella esta venida sepa,
	te suplico me perdones
	el no darte más respuesta
	con decir que, aunque más pienses,
	hay más que pensar, que piensas.

(Vase Federico. [Serafina habla] a Patacón.)

Serafina	Esperad vos y decidme:
	¿qué confusiones son éstas?
Patacón	No puedo, no puedo hablar,
	porque mi fortuna adversa
	o mi hado o mi qué sé yo
	me ha dado en esta hora mesma
	un tapaboca en el alma,
	en la boca un tente-lengua.
	Solo te puedo decir,
	en metáfora de bestia,
	que, aunque tú lo pienses más,

	hay más que pensar, que piensas.

(Vase Patacón.)

César	¿Qué será esta confusión?
Serafina	No sé, si ya no es que sea ser Enrique su enemigo, y por no verle se ausenta.
César	No es, sino que la mentira no le iba saliendo buena, que iba a decir...
Serafina	No será.
César	Sí será.
Serafina	¿Qué te va, Celia, a ti en malquistarme a mí primero con la fineza y después con la disculpa?
César	Ofenderme que te ofenda.

(Sale Enrique y arrodíllase.)

Enrique	Dame, señora, la mano, si es posible que merezca tan gran dicha.
Serafina	A ti los brazos con toda el alma te esperan agradecidos. Levanta,

| | y tan bien venido seas
como de mí recibido,
donde agradecerte pueda
las finezas que te debo. |
|---------|---|
| Enrique | En criado no hay finezas,
porque nunca pudo ser
obligación lo que es deuda. |
| Serafina | Bien ajena desta dicha
me hallas. ¿Qué venida es ésta? |
| Enrique | Sobre ya cansados años,
desengaños y experiencias,
llamado de las memorias
de Lisarda, mi hija bella,
me vuelven a descansar,
y el haber muerto en mi ausencia
mi hermano, a quien le dejé,
me da, señora, más priesa
que pensé, porque me hallaba
favorecido del César. |
| Serafina | Ahora te agradezco más
la visita; que quien lleva
tan digno cuidado es mucho
que otra cosa le divierta.
No quiero hacerte este cargo. |
| Enrique | Señora, ni lo agradezcas;
que, aunque viniera por ti,
otra causa hay porque venga.
Pasando a Milán, llegué
a Miraflor, una aldea, |

	donde mi prima Diana,
	que es de Orbitelo princesa,
	vive retirada.

Serafina   Ya
lo sé; que yo he estado en ella,
y también, yendo a Milán,
no quise pasar sin verla.

Enrique   Y halléla tan afligida,
tan desconsolada y muerta...

César   (Aquí entro yo.)

(Retírase.)

Enrique   ...por haber
hecho de su casa ausencia,
con un ayo que tenía,
su hijo el príncipe César,
que me puso su aflicción
en cuidado de que venga
a buscarle, por tener,
si no noticias, sospechas
de que a Ursino había venido
a la fama de sus fiestas.
Y así la di la palabra,
antes que a mi casa fuera,
de buscarle y asistirle
hasta que conmigo...

Serafina   Espera;
que a saber que había venido
el príncipe sin licencia,

| | ya lo supiera de mí
| | mi señora la princesa.

Enrique   Luego ¿aquí está?

Serafina   En este instante
           se aparta de aquí, por señas
           que me ha dado en esta caja
           la más conocida muestra
           de que fue quien me libró
           de un incendio en que muriera,
           a no llegar él.

Enrique   ¡Oh, cuánto
           estimo una y otra nueva,
           y que sea mi sobrino
           a quien la vida le debas!
           Y así, señora, permite
           que en verle no me detenga.
           ¿Hacia dónde iba?

Serafina   No sé;
           mas él sin duda está cerca.

César   (Y tanto, que te espantaras,
           [¡ay de mí!] si lo supieras.)

Enrique   Iré a buscarle.

Serafina   Mejor
           será que conmigo vengas;
           que yo haré que te le llamen.

Enrique   Convengo en la diligencia,

                por ser preciso que yo,
                aunque le encuentre y le vea,
                no le conoceré, porque
                le dejé en edad muy tierna.

Serafina   Ven conmigo; que él vendrá
                a verte. Y tú, Laura, ordena
                a Lidoro que ese cuarto,
                que tiene al parque otra puerta
                que a aquestos jardines pasa,
                a Enrique se le prevenga.

Enrique   Tus plantas beso.

Serafina   (Fortuna,
                deja de afligirme, y deja
                de pensar en quién será
                cuál me obligue y cuál me ofenda.)

(Vanse todos y queda solo César.)

César   Si algún ingenio quisiere
                escribir una novela,
                ¿podrá inventarla fingida
                mayor que en mí se halla cierta?
                Dejo aparte que la fuga
                de mi casa me pusiera
                en ocasión deste traje;
                y dejo que en la deshecha
                fortuna airada del Po,
                dejando a Teodoro en tierra,
                me diese el favor de Carlos
                felice puerto a las mesmas
                plantas de la que buscaba;

dejo que me favorezca,
obligándome a que haga
de la infamia conveniencia,
de que otro con mi nombre
y mi estado la pretenda;
y voy a qué fin tendrá
una plática tan nueva,
que apenas halla ejemplar;
y si le halla, será apenas.
Mi tío es fuerza que encuentre
con este fingido César;
y cuando él no le conozca,
por el consiguiente es fuerza,
a la fama de que ya
le halló, de mi patria vengan
vasallos que a él desconozcan
y a mí me conozcan. ¡Ea,
ingenio! ¿Qué hemos de hacer,
para que esto no suceda,
hasta hallar un medio airoso
yo, en que declararme pueda?
Solo uno se me ofrece.
Este joven, cosa es cierta,
que, en viendo que en sus alcances
andan, parecer no quiera;
que claro está que no espere
ver su traición descubierta:
luego avisárselo importa;
pues, no pareciendo él, queda
mi secreto resguardado.
¡Quién adónde está supiera,
antes que con él mi tío
diese, para que en su ausencia
yo procure declararme

        con Serafina, y que sepa
        quién soy! Mas ¡ay infelice!
        Que si ella ofendida trueca
        los favores en venganzas,
        es preciso que la pierda.
        Pero ¿ha de faltar alguna
        amorosa estratagema
        para decirla quién soy,
        con tal industria que pueda
        no pesarme de lo dicho?
        Mas la industria ha de ser ésta:
        ¿de la comedia el papel
        no es de galán?

(Salen por un lado Lisarda y por otro Carlos.)

Carlos	¡Celia!
Lisarda	¡Celia!
César	(Aquí se queda la industria remitida a la experiencia.) ¿Qué es, Carlos, lo que mandáis? César, ¿qué es lo que queréis?
Carlos	Que un instante me escuchéis.
Lisarda	Que una palabra me oigáis.
César	A vos iré, porque a vos, César, primero que oíros tengo también que deciros.
Carlos	Pues, siendo así que los dos

     tenéis secretos, yo quiero,
     pues lo que yo he de decir
     ambos lo podéis oír,
     tomar la mano primero.
      Celia, aunque no es generoso
     pecho el que hace en la ocasión
     prenda de la obligación,
     ya sabéis que un amoroso
      afecto nunca ha vivido
     debajo de ley; y así,
     que yo me valga de ti,
     en fe de haberte servido,
      cuando a tierra te saqué,
     ni es desdoro ni es bajeza.
     Por mí, pues, una fineza
     hoy has de hacer.

César   Mal podré
      excusarme agradecida.
     ¿Qué es la fineza?

Carlos   Sabrás
     que en un rendido no hay más
     gusto, más alma, más vida
      que vivir imaginando
     en que pueda merecer;
     y así te suplico, al ver
     cuánto la agradas, que, cuando
      te mandare Serafina
     cantar alguna canción,
     sea ésta que a mi pasión
     le dictó la peregrina
      fe con que siempre la he amado;
     y que, diciendo que es mía,

>   lo dulce de tu armonía
> la encarezca mi cuidado;
>   porque, oyéndola de ti,
> la oirá menos fiera y brava.

César
>   (¡Esto solo me faltaba!
> Mas para echarle de mí,
>   lo aceptaré.) Corto es
> deste servicio el empleo
> para lo que yo deseo
> hacer por ti.

Carlos
>   Toma, pues;
> que no es nueva confianza
> dar mi esperanza a tu voz;
> pues si ella es viento veloz,
> al viento doy mi esperanza.

(Dale un papel y vase.)

Lisarda
>   Aunque yo venía (¡ay de mí!)
> a saber, Celia divina,
> lo que dijo Serafina
> de la joya que la di,
>   que tienes habiendo oído
> que hablar conmigo, no es
> ya ésa mi pretensión.

César
>   Pues
> sabrás que yo la he tenido
>   contigo, que es una nueva
> de que me has de dar albricias.

Lisarda
>   Ya sé que mi bien codicias.

                Y si el afecto te lleva
                a honrarme, di lo que ha habido.

César   No dese género fue
                la nueva. Has de saber...

Lisarda   ¿Qué?

César   Que de Orbitelo ha venido
                  (no le diré el nombre, pues
                hablando confuso, infiero
                que es mejor) un caballero,
                tu tío pienso que es,
                  de parte de la princesa.
                A buscarte viene. Di,
                  ¿no es nueva de gusto?

Lisarda   ¿A mí
                a buscarme?

César   (Ya le pesa.)

Lisarda   ¿A mí?

César   ¿No eres de Orbitelo?

Lisarda   Claro es.

César   Pues a ti te busca.
                ¿Qué te suspende ni ofusca?

Lisarda   ¿A qué fin (válgame el cielo)
                me ha de buscar?

César	¿Qué sé yo? Pero el haberte venido, sin que lo hubiese sabido tu madre, la causa dio, sin duda, para buscarte.
Lisarda	(¿Quién creyera que tomara el nombre de quien faltara de allá, porque en esta parte, tras el nombre y no tras él viniese a llamarme a mí?)
César	De qué te asustas me di.
Lisarda	De que es fortuna cruel. (¿Qué he de hacer, que estoy cogida en la mentira?)
César	Turbado estás, César.
Lisarda	Hame dado, Celia, enfado su venida; y por solo castigar la diligencia de haber venido, me he de esconder, y ninguno me ha de hallar.
César	Harás muy bien; que ya eres muy grande para que así se anden tus deudos tras ti.
Lisarda	Y si tú ayudarme quieres, di que tú me lo dijiste,

       y que, enfadado de ver
       su curiosidad, poner
       en un caballo me viste,
         y salir del sitio huyendo.

César   Digo que yo lo haré así
       (porque me está bien a mí,
       y es solo lo que pretendo).

Lisarda   Pues, Celia, si tú me ayudas,
       imagina que eres dueño
       de Orbitelo. Deste empeño
       me has de sacar.

César   ¿Qué lo dudas?
       ¿Qué haré yo en servirte en [esto]?
       Y más, que a mí me está bien.

Lisarda   ¿Por qué a ti?

César   Porque eres quien
       en obligación me has puesto
        bien grande hoy.

Lisarda   Yo te suplico
       me digas la obligación,
       para estimarte esa acción.

César   Desairar a Federico
       con Serafina.

Lisarda   Pues ¿qué
       pudo eso importarte a ti?

César	Algo me importa.
Lisarda	¡Ay de mí! ¿Le amas acaso?
César	No sé. Mas basta decirte aquí que, en mi fortuna cruel, el descomponerle a él es darme la vida a mí.

(Vase.)

Lisarda	¿Qué escucho? ¡Valedme, cielos!
	Que en mi ciega confusión
	se verifican que son
	hidras cortadas los celos;
	   pues donde unos mueren, vi
	nacer otros (¡oh hado infiel!).
	¿El descomponerle a él
	es darme la vida a mí?
	   Aun esto más me acobarda
	que el buscar a César. ¡Cielos!
	¿No bastaban unos celos,
	sino otros celos?

(Sale Federico recatándose.)

Federico	¡Lisarda!
Lisarda	Pues ¿cómo me hablas, tirano, desa suerte?
Federico	Aunque debiera

       hablarte de otra manera,
ya es otro tiempo, y en vano
   estilo a mudar me atrevo,
cuando es fuerza hablar así,
por lo que me debo a mí,
no por lo que a ti te debo;
   que, aunque mi vida ofendida
de tus acciones está,
yo soy quien soy, y me da
nuevo cuidado tu vida.
   Guardarla, ingrata, pretendo
del peligro en que se halla.
Aquí está tu padre.

Lisarda   Calla,
calla, ingrato; que ahora entiendo
   que tú con Celia has tratado
para ausentarme de ti.

Federico   ¿Yo con Celia?

Lisarda   Ingrato, sí;
tú a Celia se lo has contado.

Federico   ¿Yo a Celia?

Lisarda   Sí. Pensarás,
con que vienen a buscarme
y que es mi padre, ausentarme
del sitio. Pues no podrás
   conseguirlo; que he de estar,
a tu pesar, compitiendo
tu fineza, deshaciendo
cuanto llegues a intentar

                                con ella y con Serafina,
                                de que ya principio fue
                                la joya, que no arrojé,
                                y hoy la he entregado.

Federico   Imagina
                                que no hablarte en eso yo
                                y hablarte en esto es mostrar
                                que un pesar de otro pesar
                                se va apoderando.

Lisarda   No
                                te he de creer. Y pues veo
                                que el decirme Celia aquí
                                que a César buscan de ti
                                nace, ni uno ni otro creo.
                                    Y así tu necia porfía
                                no piense darme cuidado,
                                pues antes tú me has quitado
                                alguno que yo tenía.

Federico   Mira...

Lisarda   No hay que mirar.

Federico   Advierte...

Lisarda   No hay que advertir.

Federico   Oye...

Lisarda   No tengo de oír.

Federico   Escucha...

Lisarda	No he de escuchar; que ya sé que es todo engaño. ¿Pensaste que me asustara, y que al punto me ausentara? Pues no ha de ser; que en tu daño he de estar (¡viven los cielos!) impidiéndote el favor, y que has de morir de amor, pues que yo muero de celos.

(Vase.)

Federico	Mira, ingrata, que enmendar tu peligro, y no el mío, quiero. Oye, escucha.

(Sale Enrique.)

Enrique	¡Caballero!
Federico	¿Qué mandáis? (¡Fiero pesar!)
Enrique	Que me digáis, os suplico, porque me han dicho que aquí César estaba...
Federico	(¡Ay de mí!)

(Vuelve Federico la espalda.)

Enrique	(¡Vive Dios, que es Federico! Mas ¿qué he de hacer, si es él el que la espalda volvió?)

Federico	(Si ya se lo han dicho, no es bien negarlo. ¡Crüel lance, si la ve.)
Enrique	Los cielos os guarden.
Federico	(Tras ella va. ¿Cómo mi desdicha hará no la alcancen sus recelos? Porque preguntar por ella con el nombre que aquí tiene es, sin duda, porque viene de todo informado. ¡Oh estrella siempre opuesta! ¿Cómo haré no llegue a verla?) ¡Ah, señor Enrique Esforcia! (Valor, solo te acuerda de que eres mío.)
Enrique	¿Qué mandáis?
Federico	(A riesgo de amor y vida es bien que su muerte impida.) Yo pienso que no ignoráis muchas quejas que de vos tengo, y en ellas quisiera que en secreta parte fuera, menos pública a los dos. Y así os suplico conmigo vengáis.
Enrique	Antes que buscar

	a César esto es. Guiar podéis vos, que ya os sigo.
Federico	Vuestra aquesa elección fue.
Enrique	Ved dónde queréis que vamos.
Federico	De aqueste jardín salgamos una vez, que yo diré allá dónde habemos de ir.
Enrique	Salgamos.

(Sale Serafina.)

Serafina	¿Qué es esto?
Federico	Nada. (¿Habrá suerte más airada?)

Enrique	Sí es, y de mí lo has de oír.
	  Contigo, señora, estaba,
	ya lo sabes, esperando
	que viniera César, cuando
	dijo una dama quedaba
	  en aqueste jardín. Yo,
	porque creí que pudiera
	ser que su enojo le hiciera
	ausentar sin verle, no
	  quise esperarle; y así
	con tu licencia a buscarle
	salí, y pensando aquí hallarle,
	hallé a Federico aquí.
	  Es Federico mi amigo,

                  y, habiéndole yo informado
                  de mi venida y cuidado,
                  él, cortesano conmigo,
                     sabiendo por dónde iría,
                  ha querido no dejarme
                  y, hasta verle, acompañarme.

Serafina   No dudo que eso sería;
                  y pues no le habéis hallado,
                  y ya es tarde, hasta después
                  os retirad. Idos, pues,
                  a vuestro cuarto.

Enrique   Postrado
                  os obedezco. (Porque
                  no entienda nuestros extremos,
                  voy.)

Federico   (Mañana nos veremos.)

Enrique   (¿Dónde?)

Federico   (Yo os lo avisaré.)

Serafina   ¿Qué es lo que habláis los dos?

Federico   Vuelvo a darle el parabién
                  de su venida.

Serafina   Está bien.

(A Enrique [y luego a Federico].)

                  Idos vos, y quedaos vos;

(Vase Enrique.)   que he de apurar, por no verme
obligada a declararme,
si habéis venido a obligarme,
Federico, o a ofenderme.

Federico   Fácil respuesta ha tenido
la duda. A serviros vine.

Serafina   Que lo contrario imagine
es fuerza, pues solo ha sido
a darme enojos.

Federico   ¿Yo?

Serafina   Sí;
pues en el primer empeño
quisisteis haceros dueño
de la acción que a otro debí;
y en este segundo...

Federico   (¡Ay Dios!)

Serafina   mostráis (todo lo he entendido)
que, por haberme servido
Enrique, os ofende a vos;
y así quisiera saber
si es, llegándolo a apurar,
esto ofender u obligar.

Federico   Es obligar y ofender.

Serafina   ¿Obligar y ofender?

Federico   Sí.

Serafina	¿Ofensa y obligación no implican contradicción?
Federico	En todos, pero no en mí.
Serafina	¿Cómo? que medio no hallo.
Federico	Como yo ofendo y obligo a un tiempo con lo que digo, y a un tiempo con lo que callo.
Serafina	Eso no entiendo.
Federico	Yo sí.
Serafina	Declaraos más.
Federico	No puedo.
Serafina	¿Por qué?
Federico	Porque tengo miedo.
Serafina	¿De qué?
Federico	De que contra mí os he de hallar, aunque esté de mi parte la razón.
Serafina	No haré tal; a vuestra acción, si la tiene, la daré.
Federico	¿De manera que, si aquí

	tuviese disculpa yo, no seréis contra mí?
Serafina	No.
Federico	¿Seréis en mi favor?
Federico	Sí.
Federico	¿Y si es lo que habéis de oír contra Enrique?
Serafina	Aunque sea, hablad.
Federico	Pues sabed... Mas esperad. Que aun no lo puedo decir.

(Al irse a entrar Federico, sale César.)

Serafina	Volved...
César	¿Qué es esto?
Federico	No sé; si ya no es (¡ay Celia bella!) el fatal fin de mi estrella; y pues al paso te hallé, tras el pasado favor, de parte mía la di tenga entendido de mí que soy enigma de amor.

(Vase Enrique.)

Serafina   (¿Quién, en [igual confusión],
             habrá que discurrir pueda?)

César   (Pues sola [¡ay infeliz!] queda,
             yo llego a buena ocasión.
             ¡Ea, ingenio caprichoso,
             haz que quede mi cuidado,
             si se enoja, desdichado,
             si no se enoja, dichoso!)

(Saca un papel y finge que le estudia.)

             «Aquel prodigio de Tebas
             que lidiar supo y rendir...»

Serafina   ¿Qué es eso, Celia?

César   Señora,
             ¿aquí estabas? Estudiar
             mi papel.

Serafina   A mi pesar
             no viene a mal tiempo ahora
                 cualquiera divertimiento
             que me haga vengada dél.
             Dime algo de tu papel.

César   Y aun todo decirlo intento.

Serafina   Y ¿qué la fábula ha sido?

César   Hércules enamorado,
             que de Yole en el estrado
             estaba a la rueca asido.

Serafina ¿Tanto pudo amor?

César Así
lo dice el razonamiento
que repasaba.

Serafina Oírle intento.
Dile.

César ¿Con el tono?

Serafina Sí.

(Canta [César].)

César «Aquel prodigio de Tebas
que lidiar supo y rendir
en el África al león
y en Calidonia al espín,
enamorado de Yole,
hermosa deidad gentil,
trocó la clava a la rueca
y la piel al faldellín.
En la mano y en el traje
el uso, dos veces vil,
enseñándole a llorar,
le enseñaron a decir:
"No desdeñes verme,
dulce dueño, así;
que esto en mí no es bajeza,
no, no, rendimiento sí.
Aunque en traje de mujer
me ves, bien sabe de mí

	el correspondido amor
que rey en el orbe fui;
e interesado en el tuyo,
después que tus ojos vi,
huyendo vine el mandar
para lograr el servir.
Y pues por solo obligarte
allá lloré y padecí,
antes que el interesado
amor me obligase a huir,
no desdeñes ver[me],
dulce dueño, así..."»
Serafina	Aguarda; que de manera
tu voz me lleva tras sí
que no sé si aquesto es
aun más, Celia, ver que oír.
César	¿Qué te parece?
Serafina	Tan bien
que en toda mi vida vi
tan bien explicado afecto.
César	Luego ¿proseguiré?
Serafina	Sí.
César	«Contra tu pecho y mi pecho
tú al despreciar, yo al sentir,
de plomo y oro sus flechas
armó ese fiero adalid.
Dígalo en ti el verte airada
y el verme rendido a mí,

	equivocando en los dos,
	ya el llorar y ya el reír.
	Pero aunque los dos extremos
	en mí ejecute y en ti,
	mudando de odio y amor
	el noble afecto en el vil,
	no desdeñes verme,
	dulce dueño, así;
	que esto en mí no es bajeza,
	no, no, rendimiento sí.»
Serafina	De suerte lo significas
	que me das a presumir
	si es verdadero o fingido.
César	Y ¿qué llegas a inferir?
Serafina	Que es fingido, claro está;
	que si llegara a inferir
	que no lo era...
César	No te enojes;
	que cuanto llegas a oír
	es de la fábula.
Serafina	Pues
	si es de la fábula, di.
César	«Aunque he visto de tu rostro
	el encendido matiz,
	dejando mustio el clavel
	y ensangrentado el jazmín,
	no por eso me acobardo,
	viendo que no soy yo aquí

                  quien ama a lograr amando,
porque es su interés su fin.
Todo mi bien es quererte
y, pues es bien, siendo así,
que el correspondido amor
haga mi vida feliz,
no desdeñes verme,
[dulce dueño, así...]»

Serafina   Calla, calla, no prosigas;
que ya no puedo sufrir
de la duda si es aquesto
representar o sentir.

(Sale al paño Carlos.)

Carlos   Veré si mi papel canta,
pues la voz de Celia oí.

César   Claro es que es representar
una fineza; y no aquí
conmigo te enojes, puesto
que yo el papel no escribí;
con quien escribió el papel
te enoja.

Carlos   ¡Ay de mí infeliz!
«Que aquesto es representar
una fineza» entendí.
«Con quien escribió el papel
te enoja» también oí.

Serafina   Di, ¿quién escribió el papel?

César   (¿Que la tengo de decir?)

(Sale al paño Federico, al otro lado.)

Federico   Vuelvo a ver si habla ya Celia
                a Serafina de mí.

César   ¿Quién quieres que sea, señora,
                quien le llegase a escribir,
                sino quien más sabe amar
                y quien más sabe sentir?

Carlos   Bien disculpándome va
                sin nombrarme, y con sutil
                y bien fundada razón.

Federico   Hoy es mi suerte feliz.
                Sin duda de mí la habla,
                pues yo se lo dije así.

César   Y así, señora, no tienes
                que culpar ni que inquirir,
                porque yo te represente
                lo que otro pudo sentir.

Federico   (¡Oh, lo que la debo a Celia!)

Carlos   (¡Oh, lo que a Celia debí!)

César   Que todos dicen su amor
                como le saben decir;
                y el representarle yo
                solo ha sido repetir
                lo que otro dijo no más.

Serafina	Con todo debo insistir, por quién se debe entender.
César	Si no hubieras de reñir, yo te dijera por quién.
Serafina	Pues no lo reñiré; di.
César	¿Qué no te enojarás?
Serafina	No.
César	¿Y que lo estimarás?
Serafina	Sí.
César	(¡Ánimo, amor; que esta vez llegó de mi mal el fin!) Pues cuanto aquí represento y cuanto he dicho es...

(Salen Carlos y Federico.)

Los dos	Por mí.
César	Pues ya te lo han dicho ellos, ¿qué tengo yo de decir?
Carlos	Porque llegando a saber...
Federico	Porque llegando a inferir...
Carlos	que tú no te has de enojar...

Federico	que tú no lo has de sentir...
Carlos	yo fui el que escribió el papel.
Federico	yo el que enigma de amor fui.
Serafina	Pues si Celia por los dos habló, como ambos decís, decid a Celia también que ella responda por mí.

(Vase Serafina.)

César	(No haré tal, pues tan trocada la suerte entre los dos vi que, no hablando yo por ellos, ellos hablaron por mí.)

(Vase César.)

Carlos	Pues por más que tu penar...
Federico	Pues por más que tu sentir...
Carlos	en ti ni otra no me oiga...
Federico	no oiga en otra, ni en ti...
Carlos	no he de dejar de querer...
Federico	no he de dejar de morir...
Carlos	y cuando me veas llorar...

Federico	y cuando me veas sentir...
Los dos	no desdeñes verme, dulce dueño, así; que esto en mí no es flaqueza, no, no, rendimiento sí.

Fin de la segunda jornada

Jornada tercera

(Salen Enrique y Serafina.)

Enrique   Ya que César, mi sobrino,
              según todos me han contado,
              de que le busqué enfadado,
              de aquí ausentarse previno,
                no quiero hacerle pesar;
              que, con saber que está aquí,
              basta a mi intento; y así
              licencia me habéis de dar,
                señora, para volverme,
              porque el amor de Lisarda,
              que ya avisada me aguarda,
              no me sufre detenerme
                más largo plazo.

Serafina   Aunque [sea]
              tan forzosa la ocasión
              que os lleva, mi obligación,
              que agasajaros desea,
                os ruega que por dos días
              más o menos esperéis
              una fiesta, en que veréis
              celebrar las damas mías
                mis años; pues, solo a fin
              de hacérosla a vos mayor,
              licencia ha dado mi amor
              para que entren al festín,
                respecto de que sentados
              no han de estar los caballeros
              y entren los aventureros
              de máscara disfrazados;

    con cuya ocasión podría
ser que el príncipe viniese
de embozo, porque pudiese
lograrse nuestra porfía.
 Porque, si verdad os digo,
siento que no le llevéis
con vos y que le dejéis
entre uno y otro enemigo,
 ya que han dispuesto los cielos
que haya de ser mi favor
aquí academia de amor
y allá campaña de celos.

Enrique   Si él, receloso que yo
le he de llevar, se ha escondido,
debe de hallarse corrido,
y esto es sin duda, que no
 venga al festín, en sabiendo
que yo en él he de asistir.

Serafina   Pues procuremos fingir
algún modo, previniendo
 que él venga, y que vos no os vais
sin ver la fiesta.

Enrique   Ese intento,
con fingir yo que me ausento,
fácilmente le lográis.

Serafina   Decís bien; y así encerrado
en vuestro cuarto podéis
quedaros; y con que estéis
en la fiesta retirado,
 se consigue el un efeto,

	a ventura que también
	se consiga el otro.
Enrique	Bien
	me parece, aunque os prometo
	que cada instante que no
	veo a Lisarda es para mí
	un siglo.
Serafina	Yo lo creo así.
	Y pues a tiempo llegó
	Federico, la deshecha
	empezad a hacer.
Enrique	Sí haré,
	aunque al mirarle no sé
	cómo sanear la sospecha
	de haberme desafiado,
	y no haber con él reñido.

(Sale Federico.)

Federico	(¡A qué mal tiempo he venido,
	pues con Enrique he encontrado!
	Que, aunque le dije que yo
	otro día le vería,
	como la pretensión mía
	no era de reñir, si no
	de salvar a aquella fiera,
	no volví al duelo hasta ahora.)
Serafina	En fin, ¿os vais?
Enrique	Sí, señora.

Serafina	Id con Dios; que, aunque quisiera deteneros, no es razón.
Enrique	Otra vez beso tus pies.
Federico	(¿Esto despedirse no es? Logróse mi pretensión; que no habiendo parecido Lisarda, Enrique se va; y ella ¿quién duda que habrá delante a su casa ido, siendo informada de que era él el que estaba aquí, puesto que más no la vi desde que se lo avisé?)
Serafina	No me dejéis de escribir, pues os merece mi celo la atención.
Enrique	Guárdeos el cielo. (Supuesto que esto es fingir que me voy, y no me voy, yo pensaré retirado, ya que no me haya llamado, la obligación en que estoy.)

(Vase Enrique.)

Serafina	Mucho, Federico, estimo que en esta ocasión vengáis.
Federico	¿En qué os sirvo?

Serafina	En que sepáis... (¡Mal mis afectos reprimo!)
Federico	(¡Mal a escucharla me animo!)
Serafina	(¡Ciega estoy!)
Federico	(¡Estoy perdido!)
Serafina	...que, no habiendo parecido César, Enrique se va y que en cualquier parte está de mi amparo defendido; y pues cesa con su ausencia el ver al competidor, cese también el rencor de la pasada pendencia.
Federico	Cuando nuestra competencia sobre mi opinión cargara, aun siendo quien soy, dejara desairada mi opinión, porque no hubiera razón, señora, que os disgustara el que más rendido visteis siempre a vuestro gusto fiel.
Serafina	Y si no, dígalo aquel secreto que me dijisteis, cuando disculpar quisisteis una y otra grosería.
Federico	Si pudiera la voz mía,

	ya lo dijera, señora.
Serafina	Que no pudisteis no ignora mi atención; que no sería razón engañarme a mí; y, no pudiendo a la culpa hacer verdad la disculpa, fue bien callarla.
Federico	¡Ay de mí!, que, aunque todo eso [fue] así, a vista de tu crueldad no fue con mi voluntad.
Serafina	Mucho, pues, de verme admira tan valida la mentira.
Federico	Es huérfana la verdad.
Serafina	Bien puede ser que lo sea; pero ya no he de creer que la hay, sin dejarse ver.
Federico	Bien fácil es que se vea, que se examine y se crea, con sola una condición.
Serafina	¿Qué es?
Federico	Salvar tu indignación.
Serafina	¿La indignación mía?
Federico	Sí.

Serafina	¿Es contra mí?
Federico	No es aquí sino contra mi atención.
Serafina	Pues ¿cómo de mí huye, cuando contra ti es? Que no lo entiendo. (Mucho me voy descubriendo.)
Federico	Como te ofendí callando, y a mí me ofendiera hablando.
Serafina	Pues yo quiero que te ofenda, a precio de que se entienda.
Federico	¿Cómo quieres que lo diga cuando tu precepto obliga que a Enrique servir pretenda?
Serafina	¿A Enrique?
Federico	Sí.
Serafina	Ya prevengo, introduciendo una dama antes, y ahora su fama, la disculpa.
Federico	Si a ver vengo que libre ese paso tengo, no me queda que temer.
Serafina	A mí sí. Y así, hasta ver

                        si es verdad, oiré.

Federico   Escuchad.

Serafina   Decid. Pero no, callad;
                        que no lo quiero saber.

(Vase Serafina.)

Federico   ¡Ay, infelice! ¡Qué presto
                        se vengó! Mas ¿qué me espanta
                        si es mujer, y se le vino
                        a las manos la venganza?
                        Huyó el rostro a la disculpa
                        para que nunca llegara
                        a saber que ama y no ofende
                        quien piensa [que ofende y no ama].
                        ¿Quién en el mundo habrá visto
                        dos acciones tan contrarias
                        como enojar con finezas
                        y ofender con esperanzas?
                        ¿Qué será (válgame el cielo)
                        que Enrique sin ver se vaya
                        a César, si a verle vino?
                        Y si sabe que es Lisarda,
                        ¿cómo se vuelve sin verla?
                        Si no lo supo, ¿a qué causa
                        busca a César, si no es César?
                        ¡El cielo otra vez me valga!
                        Que no acabo de entenderme,
                        por más que me entiendo.

(Sale Patacón.)

Patacón	¿En qué andas, que no te hallo en todo el día?
Federico	¿Por qué de no hallar te espantas a quien está tan perdido que aun él mismo no se halla?
Patacón	¿Qué tenemos? ¿Anda acaso otro enredo de Lisarda u otro embeleco de Nise por aquí?
Federico	No sé qué anda. Mas dime, ¿has sabido della?
Patacón	Desde la historia pasada de la joya y de la suela no han parecido más ambas.
Federico	Sin duda que, aunque al decirla yo que aquí su padre estaba, desprecio hizo del aviso; después, mejor informada, se ausentó; y si es que se fue para esperarle en su casa, habrá hecho lo mejor.
Patacón	Hallo una gran repugnancia para que ella eso eligiese.
Federico	Y ¿qué es?
Patacón	Que corduras haga quien siempre locuras hizo.

Federico   La necesidad es sabia,
y mudaría de acuerdo.

Patacón   Ríete desas mudanzas,
porque el serlo con amor
tiene tales circunstancias
que el que una vez pierde el juicio
no se halla, si le halla.
Pero dejando esto aparte,
¿no me dirás lo que pasa
con Serafina?

Federico   Es mi amor
cifra que no se declara,
letra que no se descifra
y enigma que no se alcanza;
de suerte que mi discurso,
entre confusiones varias,
si tal vez calla, es ofensa,
y ofensa, si tal vez habla.
Ni la entiendo ni me entiende.

Patacón   Con poca razón te espantas;
que amor palaciego es
escaparate del alma,
donde se ven por defuera
juguetes de porcelana,
trastos de imaginación,
melindres de filigrana,
retruécanos de cristal
y tiquis-miquis de ámbar
que, aunque se ven, no se tocan.

Federico	Deja locuras cansadas, y dime lo que hay de nuevo.
Patacón	La comedia de las damas es lo más nuevo que hay. Por esos jardines andan; que como esta noche es, todo es tratar de las galas, los aparatos, las joyas y trajes que todas sacan. A Celia, que hace el galán, diz que ha dado dos alhajas Serafina que, mejor que ella, de misterio cantan. Y como aqueste alborozo se ha seguido de hacer gracia la princesa de que puedan entrar dentro de la sala las máscaras que quisieren, están ya calles y plazas, tomándolo desde luego, llenas de invenciones varias.
Federico	Eso mira a no querer verse en la fiesta obligada a dar a nadie lugar.
Patacón	Y ¿a qué mira que en la estancia donde ha de ser la comedia un apartado se haga?
Federico	A que algún ministro anciano, a título de sus canas, pueda estar sentado.

Patacón   ¡Cuántos,
              sin ser ministros, tomaran
              unas canas a estas horas!

Federico   ¿Por qué?

Patacón   Porque se excusaran
              del de detrás que rempuja,
              del del lado que le aja,
              del del otro que le aprieta,
              del de delante que parla,
              redimiendo de camino
              la liga que ya le mata,
              el callo que ya le duele.
              Y lo peor destas andanzas
              es que su incomodidad
              es la fiesta quien la paga,
              diciendo que es larga; pues,
              hombre en pie, ¿no ha de ser larga,
              si a cuenta de fiesta pones
              desde salir de tu casa,
              tres horas que aquí la esperas,
              sin dos por romper la guarda?

Federico   ¡Oh, quién tuviera tu humor!

(Sale a la puerta Teodoro de máscara.)

Teodoro   ¡Señor Federico!

Federico   Aguarda.
              ¿Me nombraron?

Patacón   Hacia allí
un máscara es quien te llama.

Federico   ¿Qué es lo que mandáis?

Teodoro (Aparte.)   me escuchad una palabra.
(Descúbrese.)   ¿Conoceisme?

Federico   Sí; que nunca
fue mi voluntad ingrata
a quien debe lo que a vos,
Teodoro, y con vida y alma
os conozco y reconozco
deudor de finezas tantas.

Teodoro   Pues buena ocasión se ofrece
ahora para pagarlas.

Federico   ¿En qué?

Teodoro   Ya sabéis que yo
desterrado de mi patria
por vos salí.

Federico   Y sé también
que de Orbitelo en la casa,
opuesto a vuestra fortuna...

Teodoro   Pues sabed...

Federico   ¿Qué?

Teodoro   Que yo, a causa
de enmendarla, si es que puede

               un desdichado enmendarla,
               saqué a César, con intento
               (no digo ahora la traza
               ni el traje en que le saqué)
               que en el concurso se hallara
               de amantes de Serafina,
               por si por dicha lograra
               él su amor, yo su perdón.
               Mas, corriendo una borrasca,
               yo tomé tierra y él no.
               Llorando, pues, su desgracia,
               juzgándole ya por muerto,
               oí a un hombre que pasaba
               por donde yo me alargué,
               entre otras mil nuevas varias,
               que el príncipe de Orbitelo
               en este sitio quedaba;
               y, juzgando que podía
               ser que del golfo escapara,
               a saber si es cierto vengo,
               solamente en confianza
               desta máscara y de vuestro
               favor; y así a vuestras plantas
               os suplico, pues no puedo
               descubrir a otro la cara,
               me hagáis merced de decirme
               si esta nueva es cierta o falsa.

Federico   Mucho me pesa, Teodoro,
               de que de deciros haya
               que es falsa; porque el que aquí
               hoy con el nombre se halla
               de César, yo sé muy bien
               que no lo es, antes me saca

	de una duda que tenía ver que su muerte fue causa de que otro tomase el nombre por quien a buscarle andan.
Teodoro	¡Ay infelice de mí!
Federico	No así os aflija su falta; que ya que a César no halléis, me halláis a mí; que palabra os doy de favoreceros con Serafina, y que haga que os perdone, si librase solo en eso mi esperanza.
Teodoro	¡El cielo os guarde! Mas ¿cómo pueden no sentir mis ansias la muerte infeliz de un joven que crié y perdí? ¡Mal haya tan mal pensado consejo!
Federico	Venid conmigo a mi estancia, donde hablaremos mejor de nuestras fortunas varias, y cubríos, no os conozcan otras máscaras que pasan.
Teodoro	Reparáis bien. ¡Ay fortuna, qué mal juzgué que te hallara, pues nunca es la buena nueva tan cierta como la mala!

(Vanse Teodoro y Federico, quedando solo Patacón. Sale Fabio con máscaras.)

Patacón ¿Qué máscara será ésta
que, después que a solas hablan,
mano a mano van los dos?

Fabio ¡Hidalgo!

Patacón ¿Qué es lo que manda
señor máscara, vusted?

Fabio Que me digáis... Pero nada
quiero ya que me digáis.

(Hácele señas que se vaya.)

Patacón Estimo la confianza
que hacéis de mí.

Fabio (¿Quién creyera
que a Patacón encontrara
el primero? Y así es bien,
porque no conozca el habla,
no proseguir lo que iba
a preguntar.)

(Hace señas.)

Patacón Pues ¿qué causa
os obliga a enmudecer?
¿Qué me decís? ¿Que me vaya?
Pues ¿no hay voz con que decirlo?
¿No? El hombre viene de chanza.
El máscara de mi amo
como un jilguerico garla;

                    parlad vos como un pardillo.
                    ¿No hay hablar una palabra?
                    ¿Os he hecho algún beneficio,
                    que así me quitas el habla?
                    ¿Que me vaya con Dios? ¿Sí?
                    Pues quedaos en hora mala.

(Vase Patacón.)

Fabio   Siempre temí que me habían
                los celos de una tirana
                de poner en ocasión
                que me obligase a una infamia.
                Dígalo el que habiendo hallado
                en la estafeta una carta
                con su nombre, supe della
                que su padre la avisaba
                que estaba aquí, y que muy presto
                la vería, a cuya causa
                me ha parecido avisarle
                de cómo de Milán falta,
                porque vengue en Federico
                los celos con que me mata.
                Bien sé que es venganza indigna
                de mi sangre y de mi fama;
                pero ¿qué villanos celos
                tomaron justa venganza?
                A este fin quise saber
                el cuarto en que se hospedaba;
                y pues fue el primer encuentro
                azar, mejor es que vaya,
                pues la máscara me da
                paso a esperarle en la sala
                del festín, puesto que en ella

                        no puede faltar.

(Vase Fabio. Salen Lisarda y Nise [de hombres pero con otros vestidos que antes] y con mascarillas.)

Nise   ¿No basta
            que de uno en otro disfraz
            hoy de resuscitar tratas
            la andante caballería,
            que ha mil siglos que descansa
            en el sepulcro del noble
            don Quijote de la Mancha?

Lisarda   Si sabes que, habiendo Celia
            dicho que a César buscaban,
            y Federico, que era
            mi padre, en desconfianza
            entré de que verdad fuese,
            averiguando mis ansias
            nuevo amor y nuevos celos;
            y con todo retirada
            he estado, por no perderme
            entre confusiones varias,
            si era mentira, de necia,
            si verdad, de temeraria;
            si sabes que en el retiro
            que hasta hoy nos tuvo encerradas
            he sabido que era él,
            y que ya del sitio falta,
            porque hoy le han visto partir,
            ¿cómo neciamente extrañas
            el que vuelva a mis locuras,
            cuando no hay otra esperanza?

Nise	Sí, pero ya que volver quieres, ¿por qué te disfrazas? Pues ¿cómo César podrás parecer?
Lisarda	Porque embozada decir podré a Serafina cómo con celos la agravia; con que dos cosas consigo: quedar de Celia vengada y dejarla a ella celosa.
Nise	Qué responder no faltara, si la música no hiciera ya a Serafina la salva.
Lisarda	Pues mientras logro mi intento, a aqueste lado te aparta.

(Retíranse las dos. Salen Carlos, Serafina, Federico y Lidoro, y las damas, Fabio, Teodoro y Patacón.)

Carlos	Ya que de embozo, señora, no vengo, porque me basta a mí estar como criado, os suplico que la almohada toméis, y no me neguéis el lugar que más me ensalza.
Federico	Lo que en Carlos es fineza en mí es deuda, pues es clara cosa que debo estar como escudero de tu casa.

Nise	(Los dos puestos han tomado Federico y Carlos.)
Lisarda	(Nada me sucede bien, pues no me será posible hablarla.)
Fabio	(No veo dónde está Enrique, para que le dé esta carta.)

(Está Enrique sentado detrás de una cortina.)

Enrique	(¿Si será César alguno destos que el rostro recatan?)
Teodoro	(Las alegrías de todos solo para mí son ansias.)
Patacón	(Rabiando estoy por dar voces.) Empiecen o saquen hachas.
Lidoro	¿Quién habla aquí?
Patacón	Un mosquetero.
Lidoro	¿Cómo aquí con voces altas?
Patacón	Como, aunque el rey aquí calle, un mosquetero no calla.
Músicos	«Los años floridos señalen de aquélla que reina en las vidas, que triunfa en las almas,

                el fuego con lenguas,
                el aire con plumas,
                el mar con arenas,
                la tierra con plantas;
                y viva felice
                contenta y ufana
                la hermosa deidad,
                la beldad soberana.»

Patacón   Buena la música ha estado.
                ¿En qué se detienen? ¡Salgan!

(Dentro.)

Voz   Por más que corran veloces,
                divina Clori, tus plantas,
                tengo de seguirte.

(Cáesele un guante a Serafina.)

Serafina   Un guante
                se me ha caído.

Patacón   ¡Mas que anda
                ruido sobre el guante!

Carlos   Yo...

Federico   Yo he de levantarle.

Lisarda   Aguarda;
                que el que merece gozar
                la joya, alzará la caja.

(Al ir a levantar Federico el guante, le detiene Lisarda, y Carlos le toma y le da a Serafina.)

Federico		Suelta, suelta; que ninguno
			merecerla ni gozarla
			merece más que yo.

Lisarda				¡Mientes!

(Dale Lisarda una bofetada.)

				(Arrebatóme la rabia.)

Federico		¡Ay infelice de mí!
			¡Muera [un] aleve!

(Saca Federico la daga.)

Lisarda				Repara,
			Federico, que soy yo.

(Descúbrese a él.)

Federico		¿Quién se vio en confusión tanta?

Serafina		¿Aquí tanto atrevimiento?

Lidoro			¿Aquí osadía tan rara?

Enrique			(A tal lance fuerza es
			que yo del retiro salga.)

(Sale Enrique.)

Patacón	No prosiga la comedia mientras un alcalde traiga.
Federico	(¿Quién ha visto igual empeño? Bajeza será matarla, pues dirán, después de muerta, que di la muerte a una dama. Si digo quién es, me pierdo, pues está Enrique en la sala; si no lo digo, es decir que yo consiento en mi infamia.)
Todos (A Federico.)	A todos tu honor les toca; muera quien tu honor agravia.
Federico	Deteneos, deteneos, y nadie saque la espada en mi favor, cuando yo vuelvo el acero a la vaina.
Enrique	Mi enemigo es Federico, ya, ya le importa a mi fama que tenga honor mi enemigo.
Lisarda	(¡Mi padre! ¡El cielo me valga!)
Serafina	¿Qué esperáis? ¡Dadle la muerte!
Federico	Suspended todos las armas, porque aquí no ha habido agravio; y si os parece que falta a su obligación mi honor, cuando al que me ofende ampara, sabed que es...

Lisarda	(¡Ay de mí triste! ¿Qué he de hacer, que se declara?)
Federico	...porque nunca está mejor aquél que se desagravia con la venganza que toma, que dejando de tomarla; porque no hay venganza como no haber menester venganza; y para que nunca quede en opiniones mi fama, de que un embozado pudo poner la mano en mi cara, sin que le quitara yo dos mil vidas, dos mil almas, sabed que es...
Lisarda	(¡Ay infelice!)
Federico (A Lisarda.)	Perdóneme, soberana Serafina, tu respeto; (Y cúbrete tú la cara, a la máscara añadiendo el embozo de mi capa.) que tiene esta blanca mano y, siendo, como es, tan blanca, agravio no ha sido, pues las manos blancas no agravian.

(Van Federico y Lisarda.)

Serafina	Cuando no agravie su honor, mi respeto sí. Matadla

       o prendedla.

Enrique   Deteneos;
       que guardo yo sus espaldas.

Serafina   ¿Tú la amparas?

Enrique   Sí, que el día
       que en algún riesgo se halla,
       no es generoso enemigo
       el que a su enemigo falta;
       y así, hasta ponerla en salvo,
       he de seguir sus pisadas.

Fabio   Y yo a tu lado. Y porque
       no dudes quién te acompaña,
       el dueño desta fineza
       dirá después esta carta.

(Dale Fabio a Enrique una carta.)

Enrique   Después la veré.

Serafina   ¿Tú, Enrique,
       en su favor te adelantas?

Enrique   Y a quien pensare, señora,
       con satisfacción tan clara,
       que hay desdoro en su opinión,
       le sustentaré en campaña
       que se engaña o miente, pues
       las manos blancas no agravian.

(Vase Enrique.)

Patacón	(¿Quién creerá que Enrique sea quien diera el paso a Lisarda?)

(Vase Patacón.)

Fabio	(Ya que la carta le di, no sepa quién pudo darla.)

(Vase Fabio.)

Teodoro	(No ser conocido en esta confusión es de importancia.)

(Vase Teodoro.)

Nise	(Hago testigos de que, aunque un embozo la salva, no hubo manto en la comedia, sino mascarilla y capa.)

(Vase Nise.)

Serafina	¿Qué es esto? Pues viendo todos tan gran desaire en mi casa, todos me dejáis? ¿No tengo criados, gente ni guarda que este desaire castigue?
Carlos	A todos nos acobarda ser contra una dama el duelo; y antes le debo dar gracias, que un competidor me quite, pues no se queda esperanza

	de volver a verte amante.
(Vase Carlos.)	
Lidoro	Yo procuraré alcanzarla; juntando gente, te ofrezco de traértela a tus plantas.
(Vase Lidoro.)	
Serafina	Yo estimaré la fineza.
(Sale César de hombre.)	
César	Pues si es que tú has de estimarla, yo la he de hacer; que no en vano me halló ceñida la espada el empeño; y aunque fuese adorno para la farsa, en más noble acción sabré en tu servicio emplearla. (No vi la hora en que me viese, ya que este lance embaraza [el] salir [en] la comedia, en este traje.)
Serafina	Repara en que ya no es digna acción el que aquí en tal traje salgas; que si la comedia dio licencia para esas galas, no es bien en público dellas gozar.

César
>   Viéndote enojada,
>   no me sufre el corazón
>   de la manera que estaba
>   no salir.

Serafina
>   Vente conmigo.

César
>   Deja, señora, que haga
>   yo esta fineza.

Serafina
>   ¿Estás loca?
>   Mas ¡ay de mí! ¿Qué me espanta
>   que otra lo esté, cuando yo
>   veo lo que por mí pasa?

César
>   Pues ¿qué tienes?

Serafina
>   No sé, Celia;
>   pero aunque mano tan blanca
>   no puede agraviar su honor,
>   agraviándome a mí el alma,
>   miente quien dijere que
>   las manos blancas no agravian.

(Vase Serafina.)

César
>   Ya que mi traje cobré,
>   yo buscaré nueva traza
>   para no perderle nunca,
>   pues alienta mi esperanza
>   que Federico la ofenda.
>   Con que, la suerte trocada,
>   pues que a mí me favorece
>   con los celos que a ella causa,

                        diré con más razón que
                        las manos blancas no agravian.

(Vase. [Hablan dentro voces.])

Voces   Por aquí, por aquí van.

(Salen Lisarda, Federico y Patacón.)

Patacón   Por aquí, por aquí vienen
                        dirán mejor.

Federico   ¿Dónde, ingrata,
                        dónde, fiera, dónde, aleve,
                        ya que restauré tu vida
                        de aquel pasado accidente,
                        en que tu honor y mi honor
                        aventuraste dos veces,
                        podrá la mía ampararte,
                        no por lo que a ti te debe,
                        por lo que se debe a sí,
                        de tantas armas y gente
                        como nos sigue, si ya
                        que tomamos por albergue
                        este parque, en él nos sitian,
                        a tiempo que en el oriente
                        el Sol, para que nos hallen,
                        tinieblas y sombras vence?

Lisarda   ¡Qué poco (¡ay de mí!) qué poco
                        temieran mis altiveces
                        esa gente que, ofendida
                        o lisonjera, pretende,
                        por gusto de Serafina,

descubrirme y conocerme,
si no fuera por mi padre.

Federico   Pues si no fuera por ese
inconveniente, ¿qué había
que temer inconvenientes?
A no ser por él, tirana,
¿no dijera yo quién eres,
y acabaran de una vez
tus locuras con saberse?
   Heredero de mi padre
quedé, Teodoro, en infancia
tan tierna que no sentía,
hasta otro tiempo, su falta.
Mi madre, guardando noble
la viudedad de romana
antigua, como matrona
de su lustre y de su fama,
dejó a Milán y a Orbitelo
y, reduciendo su casa
a moderada familia,
la trajo entre estas montañas
donde Miraflor del Po
es tan abreviado alcázar
que apenas sus poblaciones
de cuatro villanos pasan.
Cubrió de funestos lutos
su vivienda, con tan rara
austeridad que aun al campo
apenas dejó ventana.
En esta soledad y este
retiro fue mi crianza
del delito del nacer
una prisión voluntaria.

En ella (que, aunque lo sepas,
no importa el decirlo nada,
puesto que un triste, aunque diga
lo que se sabe, descansa)
con tan grande, con tan ciega
terneza me mira y ama
que el aire, que apenas pase
junto a mí, la sobresalta.
Si alguna tarde la pido
licencia para ir a caza,
aun los conejos presume
que son fieras que me matan;
y lo más que me concede
es, cuando más se adelanta,
chucherías de las aves,
varetas, ligas y jaulas.
Si a las orillas del río
salgo a pescar con la caña,
desvanecido en sus ondas
temiendo queda que caiga.
Verme arcabuz en las manos
es llorar que se dispara
o se revienta. Si ve
que algún caballo me agrada,
por manso que sea, presume
que se desboca y me arrastra.
Espada no me permite
traer, siendo así que la espada
a los hombres como yo
se ha de ceñir con la faja.
La familia que me asiste
solo es de dueñas y damas
y solo lo que de mí
la gusta es tocar un arpa,

a cuyo compás tal vez,
porque buscando esta gracia
a otra, quizá dio conmigo,
llora mi voz lo que canta.
A ti solo, por no hallar
mujer en el mundo sabia,
que si la hubiera en el mundo,
sin duda es que la buscara,
me dio por maestro, de quien
he aprendido lo que llaman
buenas letras; de manera
que hijo de viuda es tanta
la atención con que me cría,
el temor con que me guarda,
que presumo que la misma
naturaleza se agravia,
quejosa de que el cabello
crecido y trenzado traiga,
y por eso no ha querido
brotar, Teodoro, en mi cara
aquella primera seña
que a la juventud esmalta.
Dejemos en este estado
la desdicha de que haya
crecido un hombre a no más
que a crecer, sin que le haga
pasaje la edad a que
a ver sus iguales salga;
y vamos a otro suceso,
cuya novedad extraña,
criándola como me crían,
nunca ha salido del alma.
Serafina, que hoy de Ursino
es princesa propietaria,

vencido el pleito, de que
tú fuiste parte contraria,
pues de Federico amigo,
ayudaste sus instancias,
cuya ojeriza te tiene
sin tu familia y tu casa,
y confiscada tu hacienda,
desterrado de tu patria,
a besar la mano al César,
que en esta ocasión se hallaba
en Milán, porque viniendo,
llamado de la arrogancia
del esgüízaro rebelde,
dar quiso una vuelta a Italia,
pasó a vista de Belflor,
adonde mi madre trata,
por deudo o por amistad,
aquella noche hospedarla.
Vila, Teodoro, y vi en ella
la beldad más soberana
que pudo en su fantasía,
lámina haciendo del aura,
del pensamiento colores,
jamás dibujar la varia
imaginación de quien
piensa en lo que a ver no alcanza;
si ya no es que, como era
mi pecho una lisa tabla
en quien amor no había escrito
ningún mote de sus ansias,
sin ser menester borrar
líneas de primera estampa,
pudo escribir fácilmente,
y escribió: «Muera quien ama».

Apenas besé su mano
cuando mi madre me manda
retirar, por dar lugar
a que descanse en la cama.
Tan breve fue la visita
que pienso que, si tornara
a verme, no era posible
que me conociese. ¡Oh cuánta
debe, Teodoro, de ser
la no medida distancia
que hay desde el ver al mirar!
Dígalo el que viendo pasa
o el que mirando se queda;
pues siendo una cosa entrambas,
uno esculpe en bronce duro
y otro imprime en cera blanda.
Tan triste salí y tan ciego
de haberla visto y dejarla
que, curiosamente osado,
dando la vuelta a una cuadra
que a su hospedaje salía,
a la breve luz escasa
de la llave de la puerta
falseó mi vista las guardas.
De sus prendidos adornos
fue despojando bizarra
el cabello y, viendo yo
que a cada flor que quitaba
iba quedando más bella,
dije: «Sin duda es avara
la hermosura allá en el mundo,
pues sobre perfección tanta,
pidiendo ayuda al aliño,
pide lo que no le falta».

Apenas él se vio libre
de trenzas y de lazadas,
cuando empezó a desmandarse
por el cuello y por la espalda.
Perdone esta vez Ofir,
peinado monte de Arabia,
porque esta vez no han de hilarse
sus hebras en sus entrañas.
De negro azabache era
ondeado golfo, y con tanta
oposición por la nieve
o se encoge o se dilata
que, cuando la blanca mano
en crencha al lado le aparta,
jugando siempre el dibujo
de la frente a la garganta,
de ébano y marfil hacía
taracea negra y blanca.
A fácil prisión reduce
una cinta la arrogancia
de aquel desmandado vulgo,
tras cuya acción se levanta
con tal gala que no era
para quedarse sin gala.
Lo que dijera no sé
de una pollera que a gayas,
siendo primeravera de oro,
brotaba flores de plata.
No sé (¡ay Dios!) lo que dijera
de un guardapié que guardaba
no sé qué cendal azul,
no sé qué rasgo de nácar,
de cuyos jazmines era
botón un átomo de ámbar,

si no fueras tú (¡ay de mí!)
Teodoro, el que me escucharas.
Que canas y dignidad
de maestro me acobardan,
y no suenan bien verdores,
donde hay dignidad y canas.
Y así diré solamente
que, apenas se vio acostada,
cuando sirviendo la cena
de mi madre las criadas,
dejándome con la noche,
ella se fue con el alba.
Cómo quedé no te digo;
tú que lo imagines basta;
pues eres testigo fiel
de mis repetidas ansias.
Muriérame de tristeza
si en un acaso no hallara,
para engañar al dolor,
tan pequeña circunstancia
como fue que, hablando della
mi madre, dijo una dama:
«No era mala la princesa
para hija.» A que recatada
respondió con falsa risa:
«¡Quién con la piedra encontrara
filosofal del amor!
¡Que a fe que no fuera falsa!»
¡Qué bien contento es un triste!
Pues, cuando de darle tratan
algún alivio a su pena,
cualquiera cosa le basta.
Dígolo porque sobró,
dicha sola una palabra,

            para que yo no muriese,
            a cuenta desta esperanza.
            Pero aun este breve alivio
            ya de entre manos me falta,
            pues ya sé (la culpa tuvo
            leer tú en público la carta)
            que a Serafina pretenden
            cuantos príncipes Italia
            tiene, a cuyo efecto es toda
            su corte saraos y danzas,
            máscaras, justas, torneos,
            en que todos se señalan,
            porque, celoso de todos,
            muera en mi desconfianza.
            Mil veces me hubiera huido
            desta prisión que me guarda,
            si presumiera de mí
            que yo pudiera agradarla.
            Mas ¿dónde he de ir si, criado
            entre meninas y damas,
            sé de tocados y flores
            más que de caballos y armas?
            ¡Mal haya, no el amor digo
            de mi madre, mas mal haya,
            dejando en salvo su amor,
            de su amor la circunstancia!
            Pues ella, para que tema
            verme en público, me ata
            las manos. Ésta es mi pena,
            éste mi dolor, mi ansia,
            mi tristeza, mi desdicha,
            mi mal, mi muerte y mi rabia.

Teodoro   De todo cuanto me has dicho

	no he de responderte a nada,
	sino a aquel punto no más
	que tocaste, en que yo, a causa
	de amigo de Federico,
	ausente estoy de mi patria.
César	Pues ¿qué me importa a mí eso?
Teodoro	El todo de tu esperanza.
César	¿Cómo?
Teodoro	Como interesado
	soy en que tú a Ursino vayas;
	pues si por dicha lograses
	tú el fin de dicha tan alta,
	templará tu casamiento
	de Serafina la saña,
	y yo volveré a vivir
	con mi familia y mi casa.
César	Supongo que tú me ayudes
	a que desta prisión salga;
	¿qué he de hacer yo en el concurso
	de tantos como la aman,
	si apenas los nombres sé
	de lo que es tela o es valla?
	Y si la verdad confieso,
	solo el pensarlo me espanta;
	que no en vano a la costumbre
	todos en el mundo llaman
	segunda naturaleza.

Teodoro		Mira, amor vuela con alas
ocultamente; y así
nadie ve por dónde anda.
Esto es decirnos que siempre,
con sus elecciones varias,
tal vez le agrada lo fiero,
tal vez lo hermoso le agrada,
tal le complace lo altivo,
y tal lo altivo le cansa.
Siendo así, no desconfíes,
que tu hermosura y tu gracia
y más, si es que alguna vez
donde ella lo escuche cantas,
podrá ser que la enamores
más por las delicias blandas
que esotros por los estruendos.
Angélica lo declara;
hermoso quiso a Medoro
más que a Orlando altivo. Trata
de enamorarla tú el gusto,
podrá ser que, si es que alcanza
más lo bello en los festines
que lo fiero en las campañas,
lo que una Angélica hizo
una Serafina haga.
Vente conmigo, que yo
te pondré en Ursino casa.
Tu madre, viéndote allá,
es preciso que te valga
de todos los lucimientos.
Y pues que la edad te salva
de torneos y de justas,
apela para las galas,
el ingenio y la belleza;

          y cuando no logres nada
          ¿en qué peor estado entonces
          te hallarás que el que hoy te hallas?

César   Dices bien, y las acciones
          que tocan en temerarias
          no se han de pensar; y así
          ¿cuándo quieres que me vaya?

Teodoro   Esta noche; y pues yo tengo
          llave que a tu cuarto pasa,
          abierto estará; teniendo
          puesta en la sirga una barca
          que el Po abajo nos conduzca
          a la quinta en que hoy se halla
          Serafina, en tanto que
          la ruina del cuarto labran.

César   Sola una dificultad
          resta ahora, para que salga.

Teodoro   ¿Qué es?

César   Que es preciso que pase
          por delante de la cama
          de mi madre; y si me ve
          salir, es fuerza la haga
          novedad.

Teodoro   ¿No habrá un disfraz
          con que, a aquella luz escasa
          que la queda, no conozca
          que tú seas el que pasa?

César	Sí; y el disfraz ha de ser...
Teodoro	¿Qué?
César	Que a la dama de guarda que duerme allí, quitaré...

(Dentro.)

Voz	¡César!
César	Mi madre me llama.
Teodoro	Responde, porque no entienda de nuestro secreto nada.
César	Pues adiós.
Teodoro	¿En qué quedamos?
César	En que saldré, aunque me haga injuria el disfraz que pienso.
Teodoro	Antes viene bien la traza, para que no te conozcan, aunque en tus alcances vayan.
César	Pues espérame; y adiós.
Teodoro	En vela mi amor te aguarda.
César	¡Oh quiera el cielo que logre mi amor por ti esta esperanza!

Teodoro   ¡Oh quiera el cielo que vuelva
          por ti yo a gozar mi patria!

(Vanse. Salen Serafina, Laura y Clori.)

Laura   Ya que tus melancolías
          te traen al campo, señora,
          no llores con el aurora,
          pues hay alba con quien rías.

Serafina Mal de las tristezas mías
          el pesar podrá aliviar
          risa o llanto.

Clori   Eso es mostrar
          que no hay ni puede haber
          a quien dé vida el placer,
          si a ti te mata el pesar.

Serafina ¿Por qué?

Clori   Porque, si tu estrella,
          señora, a verte ha llegado
          tan ilustre por tu estado,
          por tu perfección tan bella,
          y tú formas queja della,
          ¿quién con la suya estará
          contenta?

Serafina   Más que me da
          mi estrella, Clori, me quita
          quien hacerme solicita
          certamen de amor; y ya
          que apuras mi sentimiento,

¿qué importa que celebrada
viva en mi estado, adorada
de uno y otro pensamiento,
si al interés solo atento
vino a servirme el más fino,
siendo el estado de Ursino
la dama que adora fiel,
pues cuando estaba sin él
ninguno a mis ojos vino?
　¿Por qué ha de pensar, me di,
el que hoy miras más postrado
que valgo yo por mi estado
lo que no valgo por mí?
¿Quieres ver si esto es así?
El día que se abrasó
mi palacio, ¿cuál llegó
desos amantes a darme
vida? ¿Cuál, para librarme,
a las llamas se arrojó?
　¡Bueno es que, estando servida
de tantos príncipes, fuese
un hombre vil quien me diese
a vista de todos vida!
Y ser vil, es conocida
cosa, pues se contentó
con la joya que llevó,
como si yo no le hubiera
de pagar de otra manera
el socorro.

Laura　　　　　En eso no
　puedes tu queja fundar;
que a tus umbrales primero
estaría.

Serafina   Ahora quiero
          a nueva queja pasar.
          ¿Por qué otro había de estar
          a mis umbrales? Mal sales
          con la razón que los vales;
          que eso antes es ofendellos;
          porque yo pensaba que ellos
          dormían a mis umbrales.
             Con que de todos quejosa
          y de ninguno agradada,
          me huelgo ver dilatada
          aquella lid amorosa,
          por si en tanto que reposa
          en quietud el ardimiento,
          tregua hace mi sentimiento
          al ver que en su competencia
          ha de hacer la conveniencia,
          y no el gusto, el casamiento.

(Sale Carlos.)

Serafina   (Pues por ahora este engaño
          de esotra duda me absuelve,
          dél me valdré.)
(A César.)   (Disimula
          y finge que César eres,
          que importa mucho.)

César   (Sí haré,
          supuesto que tú lo quieres.)
(A Enrique.) La alma y los brazos, señor,
          son vuestros; que, aunque ofenderme
          pude al principio de ver

	que haya quien seguirme intente,
	a cuya causa no quise
	hasta ahora que me vieses,
	entrado en mejor acuerdo,
	quiero saber qué le ofende
	a mi madre que yo tenga
	tan honradas altiveces
	como atreverme a adorar
	a quien tanto lo merece.
Laura	(¿Quién mete a Celia en esto,
	y a mi ama, que lo consiente?)
Federico	(No vi mejor disimulo,
	ni engaño más aparente.)
(A César.)	
Serafina	(Prosigue. Dile más deso;
	que lo finges lindamente.)
César	Cuando pensé que, obligados
	ella y mis deudos de verme
	en tan generoso asunto
	empeñado, me acudiesen
	de asistencias que mi sangre
	y mi valor desempeñen,
	¿es bien que me busque como
	huido?
Enrique	Sin causa te ofendes;
	que hasta saber de ti...
César	Basta;

                y si eso solo pretenden,
                ya saben de mí; y así
                podrás, Enrique, volverte
                donde el amor de mi prima
                Lisarda es bien que te lleve;
                que yo quedo más dichoso,
                más feliz y más alegre
                que merezco, pues que quedo
                a vista de quien me puede,
                no coronar de favores,
                pero matar de desdenes.

Serafina   (¡Qué bien lo finges!)

Federico   (No vi
                ingenio más excelente!)

Laura   (Yo estoy loca o lo están todos.
                Cielos, ¿qué embeleco es éste?)

Enrique   Aunque de vuestro consejo,
                César, debiera valerme,
                ya que os hallé, no es razón
                que yo vuestro lado deje.
                (Esto es dar color a no
                irme antes que me vengue.)
                Y así pensad que tenéis,
                para en cuanto se ofreciere,
                mi valor que os acompañe
                y mi edad que os aconseje.

César   Eso es volverme a dar ayo,
                y quizá será ponerme
                también en obligación

	que segunda vez me ausente.
Federico	(¡Qué bien a todo le sale!)
Serafina	(Yo es bien su partido esfuerce, porque en su ausencia mejore su engaño y su honor enmiende.) Dice el príncipe muy bien. ¿Qué importa que sin vos quede? Y así, Enrique, podéis iros.
Enrique	Perdonadme que os acuerde que me aconsejasteis antes...
Serafina	¿Qué?
Enrique	Que sin él no me fuese.
Serafina	Perdonadme vos también acordaros que dijeseis que saber dél os bastaba.
Enrique	Un adagio decir suele: «consejo el prudente muda.»
Serafina	Pues también yo soy prudente, y puedo mudar consejo.
César	¿Esto en fin no se resuelve con no querer ir?

([Lidoro y Patacón] dentro.)

Lidoro	Entrad.

Serafina	Id a ver qué ruido es ése.
Patacón	No es nada, a mí que me arrastran.
Federico	Yo iré.
Enrique	Yo también.
Serafina	Detente, Federico. Enrique irá.
Enrique	(¡Valedme, cielos, valedme!)

(A Federico.)

(¿Y la dama?)

Federico	(Ya está en salvo.)
Enrique	Está bien. (¡Valor, detente hasta mejor ocasión!)

(Vase Enrique.)

Serafina   En tanto que Enrique viene,
Celia, los brazos me da;
que, si estudiado tuvieses
el papel que has hecho, no
le hicieras mejor.

César   No tienes
que agradecerme, señora,
el que en tu gusto algo acierte.

	Y en cuanto al papel, descuida, que siempre que se ofreciere procuraré salir dél.
Federico	Yo es bien que tus plantas bese por la parte que me toca, en que mi desdicha enmiende.
Laura	Por un solo Dios, señora, que sepa yo qué te mueve, cuando a César dejo, y cuando vuelvo con Enrique a verte, a que haga su papel Celia?
César	Duda es ésta que me tiene en la misma confusión; pues aunque yo sepa hacerle, no la causa.
Serafina	Pues sabréis (fuerza es decíroslo en breve) que este príncipe don César, que a Enrique huye el rostro siempre, es Lisarda, hija de Enrique.
César	¿Lisarda? Pues ¿qué la mueve?
Serafina	Los celos de Federico, tras quien disfrazada viene.
César	¿Qué es lo que oigo?
Federico	Por lo menos, cuando oír eso me avergüen[ce],

             me confío en que ya sabes
             a quién la vida le debes,
             pues sabes cómo la joya
             ir a su mano pudiese.

César   ¿Lisarda, hija de Enrique?

Serafina   Sí.

César   ¿Cómo, traidor, te atreves
             a decírmelo a mí, siendo
             tan mío el honor que ofendes?
             ¡Vive Dios...!

(Empuña la espada.)

Serafina   Detente, Celia.

César   Es en vano detenerme.
             No soy Celia, César soy,
             ya que tú que lo sea quieres.

Serafina   Mira, Celia, que no hay
             ninguno ahora presente
             con quien sea menester
             que el pasado enojo esfuerces.

César   Una vez en este traje,
             perdóname que no puede
             volverse atrás el valor.

Laura   (Ella lo que finge cree.)

Federico   (Tal género de locura

ha sucedido mil veces.)

César
No embaracéis que una vida
quite a un traidor, a un aleve.

Laura
Mira, Celia, que es locura
creer que lo que finges eres.

Federico
Dejadla; que ya enseñado
estoy que damas me afrenten
y a hacer dello gala.

César
No
con eso librarte pienses
de mí, cobarde.

Federico
No tengo
más medios de que valerme,
Celia, contra ti; pues si
las manos blancas no ofenden,
tampoco los labios rojos.
Que si pensase o creyese
que no finges todavía,
claro es... Pero Enrique vuelve.
Vuestra Alteza no se enoje
con quien a buscarla viene,
traído de su amor.

César
Locuras
de amor son las que ofenden.
No entienda su agravio Enrique,
hasta que yo dél le vengue.

(Sale Enrique.)

Enrique   El ruido, señora, es
                    que Lidoro, con la gente
                    que a Federico siguió,
                    como si aquí no estuviese,
                    trae dos presos; uno es
                    un criado, por haberle
                    en ese parque encontrado;
                    otro, según me parece,
                    que es Teodoro, ayo de César,
                    que, llegando a conocerle
                    sin máscara, le han prendido,
                    por juzgarle delincuente,
                    en este estado, y con ellos
                    todos a tus plantas vienen.

(Salen Lidoro, Teodoro, Patacón y Nise. [A Patacón].)

Nise   Aunque aventure que aquí
                    alguien pueda conocerme,
                    a trueco de verte ahorcar,
                    te he de seguir.

Patacón   Antes ciegues,
                    que tal veas.

(A Serafina.)

                                A tus plantas
                    humilde, señora, tienes
                    al criado de aquel loco,
                    de aquel menguado imprudente
                    de mi amo. Mas ¿qué culpa
                    tengo yo de que él se ausente

	con la disfrazada dama del bofetón?
Serafina	¿Cómo mientes, si, estando aquí Federico, aseguras que se fuese?
Patacón	¿Quién diablos te trajo aquí?
Lidoro	¿Qué haremos dél?
Serafina	Que lo dejes; que no es mucho ser traidor quien de su dueño lo aprende.
Patacón	¡Plegue a Dios que, sin llegar a vieja, tanta edad cuentes, que sea en tu comparación un niño movido el fénix!
Nise	(Mi gozo cayó en el pozo.)
Patacón	(¡Mas que tú con él cayeses!)
Teodoro	Ya, señora, a vuestras plantas humilde llego a ofrecerme.
(A Federico.)	
Serafina	(¿Qué haremos? Que si ve a Celia, atrás nuestro engaño vuelve.)
Federico	(No sé; mas ponte delante, por si encubrirla pudieses.

                    Pero ¿qué es este alboroto?

(Sale Carlos.)

Carlos   Señora, en tu cuarto a este...

Serafina   Después lo sabré. Pues ¿cómo
                 Teodoro aquí a entrar se atreve?

Carlos   (¿Qué hace Celia en este traje
                 delante de tanta gente?)

Teodoro   Como un infeliz, señora...

César   (¡Quiera amor alcance a verme,
                 para que diga quién soy!)

Teodoro   ...tanto su vida aborrece
                 que, a despecho de su vida,
                 viene buscando su muerte;
                 fuera de que mayor causa
                 hay que aquí a venir me fuerce,
                 por sacarte de un engaño
                 que contra tu fama puede
                 resultar.

Serafina   ¿Engaño?

Teodoro   Sí.

Serafina   ¿Qué es?

Teodoro   Que un traidor, un aleve,
                 con el nombre de don César,

              engañar tu amor pretende.
              Yo le saqué de su casa
              (no es tiempo de contar éste
              que en traje de mujer) hasta
              que le dejé en la corriente
              ahogado del Po; y sabiendo
              que con su nombre te ofende,
              vengo a avisarte, porque
              de mi lealtad no te quejes.
              El que te ha dicho que es César
              no lo es.

Enrique   La voz suspende;
              que ese agravio a mí me toca,
              y así es bien que yo lo vengue.

(A César.)

                    Pues ¿cómo, atrevido joven,
              loco y temerariamente
              el nombre de mi sobrino
              tomas y el respeto ofendes
              de Serafina?

Federico   A una dama
              no ofendas, Enrique, tente;
              que el que dijo que era César
              días ha que no parece,
              y aquesta es Celia, una dama,
              en quien los disfraces deben
              de durar de la comedia.

Serafina   ¿Quién vio confusión más fuerte?

Enrique	Ése es otro nuevo engaño: creer yo que sea dama ese joven, cuando Serafina que es César dicho me tiene.
Teodoro	Si Serafina lo ha dicho, ha dicho bien; que no pueden las deidades engañarse.
(A César.)	Dame los brazos mil veces, príncipe mío, en albricias de que con vida te encuentre.
Serafina	(¡Qué cortesano Teodoro, advertido de que es éste engaño mío, procura alentarle, con hacerle César a Celia!)
(A César.)	(Tú, finge todavía que lo eres.)
César	¿Qué he de fingir, si es verdad?
Laura	A su locura se vuelve.
Nise	(¿En qué ha de parar aquesto?)
Patacón	(¡El diablo que lo concierte!)
Enrique	Yo he de castigar, señora, este engaño.
Serafina	Enrique, tente.
Carlos	Mira, Enrique, que ésta es Celia,

	una dama.
Enrique	Pues tú, aleve, ¿también me engañas?
Patacón	Señores, ¿habrá enredo como éste?
César	Tú eres el que te engañas; que si alguno a eso se atreve, solo es Carlos.
Carlos	¿Yo, por qué?
César	Porque, siendo tú quien dese golfo en el traje que iba me sacaste, ahora no crees que me encubrió su disfraz, habiendo tan claramente dícholo todo Teodoro.
Carlos	Más con aqueso me ofendes; pues, siendo César, traición más grave es que te atrevieses a asistir a Serafina tan de cerca que pudiesen familiarmente tus ojos tal vez...
Federico	No lo digas, tente; que se ajan los decoros aun solo con que se piensen.
Carlos y Federico	¡Muera un traidor!

Teodoro   Eso no.

Enrique   Pues ya debo defenderte
                como a César.

Teodoro   Y yo y todo.

Serafina   Esperad todos; que ese
                duelo, ya que persuadida
                saber tu disfraz me tiene
                de quién es, yo he de acabarle.

Todos   ¿De qué suerte?

Serafina   Desta suerte.
(A César.)   Príncipe, esta blanca mano
                tocaste tal vez; aleve
                ofensa fue que me hizo
                un disfraz, y es conveniente
                que sepan que aun de su dueño
                las blancas manos ofenden;
                y así, pues vos la agraviasteis,
                el irse con vos lo enmiende.

César   Federico, yo...

(A Serafina.)

Federico   ¿Así pagas
                una vida que me debes?

Serafina   De vos este desagravio
                aprendí; y pues que ya tiene

	ejemplar vuestro honor, dél usad; y porque no quede en opinión que se supo el agravio sin saberse el dueño dél, quiero yo, salvándole para siempre, pagar aquella fineza.
Federico	¿De qué suerte?
Serafina	Desta suerte.
(Sale Lisarda.)	
	Dad a Lisarda la mano.
Enrique	Al mirarte, oh hija aleve, la cólera no me sufre dejar de darte la muerte.
Federico	Si antes por salvar su vida me empeñé, fuerza es que lleve delante el empeño.
Enrique	Nadie defender mi hija puede de mí que no sea su esposo.
Federico	Yo lo soy.
Lisarda	¡Felice suerte es la mía, pues que logro tal dicha!

Patacón	Con que corriente queda el refrán que «las blancas manos no agravian, mas duelen».
Teodoro	Pues lograste tu ventura, logre el perdón.
Serafina	Ya le tienes.
Patacón	¿Qué haremos, Nise, nosotros?
Nise	Casarnos adredemente, porque sepan que podemos cualquiera de los oyentes.
Patacón	No se meterán en eso; que ahora harto que hacer tienen en perdonarnos las faltas, y las del que más pretende serviros siempre, pues yerra a cuenta de que obedece.

Fin de la comedia

Libros a la carta

A la carta es un servicio especializado para
empresas,
librerías,
bibliotecas,
editoriales
y centros de enseñanza;
y permite confeccionar libros que, por su formato y concepción, sirven a los propósitos más específicos de estas instituciones.

Las empresas nos encargan ediciones personalizadas para marketing editorial o para regalos institucionales. Y los interesados solicitan, a título personal, ediciones antiguas, o no disponibles en el mercado; y las acompañan con notas y comentarios críticos.

Las ediciones tienen como apoyo un libro de estilo con todo tipo de referencias sobre los criterios de tratamiento tipográfico aplicados a nuestros libros que puede ser consultado en Linkgua-ediciones.com.

Linkgua edita por encargo diferentes versiones de una misma obra con distintos tratamientos ortotipográficos (actualizaciones de carácter divulgativo de un clásico, o versiones estrictamente fieles a la edición original de referencia).

Este servicio de ediciones a la carta le permitirá, si usted se dedica a la enseñanza, tener una forma de hacer pública su interpretación de un texto y, sobre una versión digitalizada «base», usted podrá introducir interpretaciones del texto fuente. Es un tópico que los profesores denuncien en clase los desmanes de una edición, o vayan comentando errores de interpretación de un texto y esta es una solución útil a esa necesidad del mundo académico.

Asimismo publicamos de manera sistemática, en un mismo catálogo, tesis doctorales y actas de congresos académicos, que son distribuidas a través de nuestra Web.

El servicio de «libros a la carta» funciona de dos formas.

1. Tenemos un fondo de libros digitalizados que usted puede personalizar en tiradas de al menos cinco ejemplares. Estas personalizaciones pueden ser de todo tipo: añadir notas de clase para uso de un grupo de estudiantes,

introducir logos corporativos para uso con fines de marketing empresarial, etc. etc.
2. Buscamos libros descatalogados de otras editoriales y los reeditamos en tiradas cortas a petición de un cliente.

www.ingramcontent.com/pod-product-compliance
Lightning Source LLC
LaVergne TN
LVHW041333080426
835512LV00006B/438